Susanne Petersen

Rituale für kooperatives Lernen in der Grundschule

Lehrer-Bücherei: Grundschule

Herausgegeben von
Horst Bartnitzky und Reinhold Christiani

Susanne Petersen

Rituale für kooperatives Lernen in der Grundschule

•

Für jeden Tag
und das Schuljahr

•

Für Anfang und Ende
der Grundschulzeit

Cornelsen online http://www.cornelsen.de

Gedruckt auf chlorfrei gebleichtem Papier
ohne Dioxinbelastung der Gewässer.

Die Deutsche Bibliothek - CIP-Einheitsaufnahme

Petersen, Susanne:
Rituale für kooperatives Lernen in der Grundschule: für jeden Tag und das Schuljahr;
für Anfang und Ende der Grundschulzeit /
Susanne Petersen. – Berlin: Cornelsen Scriptor, 2001
(Lehrer-Bücherei: Grundschule)
ISBN 3-589-05063-2

Dieses Werk berücksichtigt die Regeln der reformierten
Rechtschreibung und Zeichensetzung.

5.	4.	3.	2.	1.	✓ €	Die letzten Ziffern bezeichnen
05	04	03	02	2001		Zahl und Jahr des Drucks

Redaktion: lüra – Klemt & Mues GbR, Wuppertal
Satz: stallmeister publishing, Wuppertal
Layout: FROMM MediaDesign GmbH, Selters/Ts.
Umschlagfoto: Peter Wirtz, Dormagen
Druck und Bindearbeiten: Clausen & Bosse, Leck
Printed in Germany
ISBN 3-589-05063-2
Bestellnummer 50632

Inhalt

1 Einführung: Kooperation gewinnt Konturen

Die hier vorgestellten Rituale und ritualisierten Handlungsabläufe entstammen der Praxis. Sie alle sind in Schulen praktiziert und erprobt worden.

Rituale tragen dazu bei, Schulzeit zu rhythmisieren und Lern- und Arbeitsprozesse zu strukturieren. Sie zielen darauf ab, die Atmosphäre in einer Klasse konstruktiv zu beeinflussen und gegenseitige Wertschätzung einzuüben. Um dies zu erreichen, muss jeder Einzelne für die anderen Schülerinnen und Schüler wichtig werden. So kann Interesse füreinander wachsen. Die Grundlagen für Selbstvertrauen, Selbstständigkeit und gleichberechtigte Kooperation werden durch Ritualisierung gelegt und ständig gepflegt. Die für diesen Band ausgewählten Vorschläge offerieren schließlich Möglichkeiten, Grundschulkinder im wachsenden Maße in die inhaltliche und methodische Gestaltung des Unterrichtsgeschehens mit einzubeziehen und ihnen zunehmend Verantwortung für die Klasse und die Inhalte zu übertragen.

Das erste Kapitel beschäftigt sich zunächst mit theoretischen Einsichten, soweit sie für unser Thema von Belang sind. Es hilft, die Rahmenbedingungen zu erhellen, die bei der Arbeit mit schulischen Ritualen von Bedeutung sind, um Gefahren wie Chancen zu akzentuieren und die Sensibilität im Umgang mit Ritualen auszubauen. Fragen der Methodik sind zu klären, Abgrenzungen zu fundieren und Gütekriterien zu entwickeln. In den folgenden Kapiteln werden dann schulische Rituale oder ritualisierte Handlungsabläufe nach unterschiedlichen Schwerpunkten vorgestellt: orientiert an der in der Schule verlebten Zeit, von der Stunde bis zur gesamten Grundschulzeit, an gemeinsamen Arbeitsformen und an fachspezifischen Ritualisierungsmöglichkeiten.

Alle Kapitel richten den Blick zunächst auf die Besonderheiten der jeweiligen Phase. Sie loten die schwierigen, konfliktträchtigen Bereiche aus, für deren Entschärfung sich Ritualisierungen bewährt haben, und sie begründen die Auswahl bestimmter Rituale. Es hat sich als sinnvoll erwiesen, die Einführung der einzelnen Rituale nach einem Schema zu gliedern, das neben Angaben zum Einsatz des Rituals, also zur Klassenstufe, zum Fach, zur möglichen Dauer sowie den Zielen, auch eine Kurzcharakterisierung enthält. Erst dann wird ausführlicher auf wesentliche Schritte der Initiierung eingegangen. Darüber hinaus werden Gefahrenpotenziale und mögliche Handlungsalternativen angesprochen. Zudem finden sich Variationen. Abschließend werden Fragen aufgeworfen, die sich kontinuierlich für jedes Kind, für die Gruppe und für die Lehrerin sowie für die fachliche Seite des Unterrichts stellen und die zur Klärung beitragen. Schließlich haben die Ritualisierungsvorschläge nicht nur Konsequenzen für das Miteinander in der Klasse, sie setzen bei Lehrerinnen wie Lehrern eine besondere Haltung und viel Bereitschaft voraus, Macht und Raum zur Gestaltung abzutreten – im Vertrauen auf die wachsenden Kompetenzen der Kinder. Eine kurze Literaturliste beschließt diesen Band.

Sofern die Beispiele nicht auf eigene Ideen oder Praxis zurückgehen, finden sich am Ende des Buches Hinweise auf die Autorinnen und Autoren. Viele Anregungen gehen auf das Konto von ehemaligen Hamburger Referendaren und Referendarinnen der Hauptseminare, die ich seit 1995 mit Thomas Unruh gemeinsam veranstaltet habe, und denen ich an dieser Stelle danken möchte. Wenn im Folgenden zumeist von Lehrerinnen die Rede ist, so deshalb, weil sie an den Grundschulen in der Mehrzahl sind. Angesprochen sind damit natürlich auch die dort in zunehmendem Maße wirkenden Pädagogen, auch wenn sie aus Gründen der Platzersparnis nicht immer explizit erwähnt werden.

Hamburg, im Frühjahr 2001

Susanne Petersen

2 Rituale: Begriff und Konzept

Seit Ende der 80er Jahre mehren sich pädagogische Aufsätze über schulische Rituale. Damit wurde eine Tendenz durchbrochen, die dieses Thema nach 1968 aus den Kompendien und oft auch aus der Realität verschwinden ließ. Augenblicklich werden wir in vielen Grundschulen Zeuge eines Re-Ritualisierungsprozesses, der sich – gemessen an seiner realen Vielfalt und Fantasie – bislang eher kärglich in Publikationen niederschlägt. Ein lesenswertes Themenheft der WESTERMANNS PÄDAGOGISCHEN BEITRÄGE (WPB 7/8) eröffnete im Sommer 1987 den Reigen, durchbrach die Tabuisierung des Themas und präsentierte – immer noch uneingelöste – Ideen für eine durch verschiedene Rituale gestützte Demokratisierung von Schule und Schulkultur. Der eigentliche Durchbruch vollzog sich erst sieben Jahre später mit dem Themenheft von PÄDAGOGIK (4/1994; weniger originell 4/1999): Neben wichtigen Praxisbeispielen aus Grundschule und Sekundarstufe etwa von A. WINKLER (1994) oder E. RIEGEL, die die Wirkungsmöglichkeiten von schulischen Ritualen und ihren Beitrag zum Aufbau von Selbstvertrauen und Klassen- sowie Schulkultur mit vielfältigen Beispielen belegen, formuliert A. COMBE (1994) hier immer noch bedenkenswerte Einwände: Es gelte, sich deutlich von den vielen noch herrschenden Ritualen des Schule- und Stundehaltens zu distanzieren, auf die Bewahrung der emotionalen Integrität zu achten und Rituale nicht zur schematischen Konfliktregulation zu missbrauchen. Feinfühlige Ethnologenseelen seien gefragt, denen es gelinge, Momente ästhetischer Erfahrung mit der „unstillbar-kindlichen Lust des Menschen an gespielten Handlungen, an künstlichen Spiegelbildern und symbolischen Ausdrucksgestalten des Lebens [zu verknüpfen], in denen die Wirklichkeit neu gezeugt wird" (COMBE 1994, S. 25). Welchen entwicklungspsychologisch bedeutsamen, weil stabilisierenden und sozialisierenden Beitrag Rituale gerade angesichts des soziologischen Wandels von Kindheit und Erwachsenwerden in unserer Zeit leisten, weist die Jugendpsychotherapeutin G. KAUFMANN-HUBER (1997) überzeugend in einem sehr lesenswerten, auch Theorie verständlich machenden Buch nach, das die Wirkungen von Ritualisierungen auf das einzelne Kind exemplarisch in wichtigen Entwicklungsphasen beschreibt und interpretiert. Diese im besten Sinne populärwissenschaftlich solide Arbeit bildet ein wichtiges Gegengewicht gegen eine Flut von Veröffentlichungen, die vor allem steigende esoterische Bedürfnisse von Erwachsenen zu bedienen scheint. So etwa die großen Absatz findenden Bücher von D. VON WELTZIEN (1997), die keine historisch-kritische Rezeption beabsichtigen, sondern scheinbar übertragbare Wirkungen von Kulthandlungen oder Riten propagieren, wie sie von Kulturvölkern in Asien, Afrika oder indianischen Völkern bekannt sind und aus vielen Jahrhunderten zusammengetragen wurden. Hier stehen die magisch-emotionalen Wirkungen von symbolischen Ritualhandlungen im Vordergrund, die völlig aus ihrem historisch-gesellschaftlichen Kontext herausgelöst wurden. Dieses Phänomen hat in begrenztem Umfang auch die Schulwirklichkeit erreicht, ablesbar etwa an der zunehmenden Rezeption meditativer sowie autosuggestiver Methoden. Dieser Prozess wird – wie auch in den nachfolgenden Sammelbänden deutlich – durch die modernen soziologischen Veränderungen von Kindheit begünstigt. Mit Voraussetzungen und Folgen dieses Wandels in Gesellschaft und Schule setzen sich die zwei wohl wichtigsten Neuerscheinungen zum Thema auseinander (WERMKE 1997; SCHÄFER/WIMMER1998). Eine stärkere Vernetzung von Ritualtheorie und Praxis ist ihr Anliegen. So werden im ersten Falle wiederholt ritualtheoretische Bezüge hergestellt, Erfahrungen und Veränderungen des Einsatzes von Ritualen im Religionsunterricht kritisch reflektiert sowie außerschulische Jugendriten vorgestellt und interpretiert. Noch weiter vor wagt sich der zweite Sammelband, der verschiedene Einblicke in das komplizierte Feld der Ritualtheorie anbietet und verschiedene Ansätze sozialanthropologischer Feldforschung und soziologischer Deutungen präsentiert.

Ritual oder ritualisierter Handlungsablauf?

Die umfangreiche Literatur hat bislang keinen allgemein anerkannten Ritualbegriff erbracht. Dies gilt auch für den Bereich der Schule. Der Begriff wird immer inflationärer benutzt, oft synonym mit angrenzenden Kategorien wie etwa Regeln oder Zeremonien verwandt. Diese Tendenzen sind insofern problematisch, als schon die Erklärung zum Ritual viele Handlungsabläufe vor rationaler Kritik zu schützen scheint.

   Schulische Rituale prägen das Verhalten. Sie können von Einzelnen, von der Klasse oder von der Lehrerin initiiert werden, sich verfestigen und bei bestimmten Anlässen immer wieder genutzt werden. Neben spontanen Entstehungsgeschichten sind auch gezielte Versuche von Lehrerseite zu beobachten, mit der Klasse Rituale für bestimmte Anlässe zu erfinden und damit eine eigene Klassen- und Schulkultur zu entwickeln.

Schulische Rituale werden in diesem Buch als ein Prozess verstanden, der bei bestimmten Anlässen seine eigentümliche Form und Dynamik gewinnt. Einmal etabliert, lösen bestimmte Anlässe ohne weitere Ansage spezifische Handlungsweisen einer Klasse aus, die, unterstützt durch eine eigentümliche Symbolik und Ästhetik, ihr charakteristisches Gepräge erhält und der Gruppe durch eine immer gleiche Dramaturgie im Ablauf einen selbst zu gestaltenden Handlungsspielraum sichert. Jeder weiß um den Ablauf und seine eigene Rolle im Prozess, vom Anfang bis zum Ende. Schulische Rituale sind besonders dann erfolgreich und dynamisch, wenn sie die bestehende hierarchische Struktur vorübergehend auflösen, durch einen geschützten und allseits respektierten Rahmen neue Erfahrungen und Gruppenbeziehungen ermöglichen und schließlich eine geordnete Rückkehr in den alten Zustand sicherstellen.

Im Unterschied dazu bezeichnen **ritualisierte Handlungen** nach dem hier geltendenden Verständnis Handlungsabfolgen, die sich auf kürzere Phasen innerhalb eines Schultages oder der Schulwoche beziehen und eine feste zeitliche und inhaltliche Rahmung besitzen, die von den Akteuren wie den Beiträgen her unterschiedlich gefüllt wird. Oft wird dabei ein bestimmter Ablauf beachtet. Ihr symbolischer Gehalt ist geringer, eine besondere Dramaturgie selten. Vom Inhalt und Ablauf sind ritualisierte Handlungsabläufe von daher oft technischer, weniger emotional und vor allem im Fachunterricht bzw. als ritualisierte Arbeitstechniken anzutreffen. Sie strukturieren mehr, als dass sie beflügeln. Sie lassen ohne Schaden häufiger Kritik und Überarbeitung zu, an der die Kinder immer intensiver mitwirken. Ritualisierte Handlungsabläufe können sich zu schulischen Ritualen weiterentwickeln, sie stellen insofern auch eine Vorform dar.

Das Potenzial schulischer Rituale: Chancen und Gefahren

Rituale und Ritualisierungen **rhythmisieren den Schulalltag**, indem sie an markanten, schwierigen Punkten – wie den Anfängen oder Endpunkten einer Stunde, des Schultages, der -woche – Akzente setzen, die durch ein wieder erkennbares Arrangement Besonderheit erlangen. Die Rahmung bleibt gleich, aber die Füllung und Nutzung des Gestaltungsfreiraums verändert sich von Mal zu Mal. Damit werden Anfang und Ende hervorgehoben, die Zeit bewusster und nuancierter erlebt.

Wiederkehrende Abläufe geben dem Einzelnen wie der Gruppe **mehr Handlungssicherheit**. In der Anfangs- und Etablierungsphase benötigen sie Schutz und klare Einhaltung des gefundenen Ablaufs, damit sich diese Souveränität überhaupt bilden kann. Wenn alle ihn beherrschen, können sie ihn zunehmend selbstständig nutzen und kreativ füllen. **Rituale entlasten den Schulalltag,** speziell Krisensituationen. Denn für solche Anlässe vorgesehene und erprobte Verhaltensarrangements nehmen wortlos ihren Lauf. Die Arbeits- und Rollenaufteilung ist geklärt, bewährte Kooperationsformen greifen, verabredete Formulierungen entemotionalisieren Konflikte und erleichtern Klärung und Lösungsfindung ebenso, wie sie Schutz vor verletzender Kritik bieten.

Schulische Rituale und Ritualisierungen *gehen unter die Haut.* Sie sprechen mit Symbolik und Dramaturgie die Gefühlswelt der Kinder an, die entwicklungspsychologisch zu Beginn der Grundschulzeit besonders empfänglich für magische Phänomene sind. Gerade weil meditative Methoden, Traumreisen oder Stilleübungen die individuellen wie Gruppenerlebnisse rasch intensivieren, weil sie Gefühle beeinflussen und manipulieren können, ist hierbei besondere Bedachtsamkeit und Vorsicht geboten. Eine freiwillige, bewusste Teilnahme muss ermöglicht werden.

Ritualisierungen und Rituale machen durch ihre Arrangements und Inszenierungen aus einem Nebeneinander ein Zusammenspiel, wirken also **gemeinschaftsbildend.** Damit stiften sie eine Perspektive in der Gruppe und für sie. Durch Symbolik und Rhetorik schafft ein Ritual eine Situation der Exklusivität, in der sich nur „Mitglieder" angemessen verhalten können. Dadurch entsteht so etwas wie eine eigene Kultur, die sich allerdings oft nach außen abgrenzt, um innere Stabilität zu erlangen. Das Gemeinsame und weniger das Besondere der Einzelnen rückt in den Vordergrund.

Wenn jeder **einen sicheren, respektierten Platz** findet, fühlen sich alle in der Gruppe wohler. Da individuelle Bedürfnisse und spontane Interessen häufig mit jenen anderer kollidieren, sind Ritualisierungen wichtig, um Schutzzonen für Einzel- wie Gemeinschaftsaktivitäten überhaupt erst zu etablieren. Allerdings **disziplinieren** Rituale auch, setzen Einzelne und auch die Gruppe unter Druck, begünstigen Selbst- und Gruppendisziplin. Solange das Ziel und das erwartete Ergebnis von den meisten als wichtig anerkannt wird, solange der Einsatz von Energie für eine Bewältigung scheinbar gebieterischer Anforderungen als produktiv erfahren wird, so lange werden solche disziplinierenden Effekte eher als positiv erlebt. Dennoch bleibt die Prioritätensetzung in diesem Spannungsfeld zwischen Einzel- und Gruppeninteressen eine gefährliche Gratwanderung, die einen aufmerksamen Zeremonienmeister braucht.

Im Grenzbereich – Regeln, Gewohnheiten, Zeremonien, Bräuche

Zunächst ist es hilfreich zu klären, welche unterschiedlichen Wirkungen und Effekte von den im Umfeld von Ritualen und ritualisierten Handlungsabläufen praktizierten gemeinschaftlichen Handlungsweisen ausgehen, die im schulischen Alltag gebräuchlich oder bekannt sind. Die nachfolgende Übersicht bietet Gelegenheit, die eigene Erwartungshaltung zu klären.

Merkmale • vorhanden •• verstärkt ••• in besonderem Maße	Regeln	Ritualisierter Handlungsablauf	Ritual	Zeremonie	Tradition/Bräuche	Gewohnheit
Strukturieren		•••	••	•	•	
Rhythmisieren		•••	•••	••	•	
Stiften Sicherheit	•	••	•••			
Laufen schematisch ab		••	••	•••	••	•••
Automatisieren	•					•••
Regulieren	•••	••	••	•	•	•
Disziplinieren	•••	••	••	••		
Unterdrücken Einzelne	••	••	••	••	•••	••
Unterdrücken Gruppen	••	•	•	••	•••	••
Manipulieren		•	••	••	•••	•
Fördern Opportunismus	•	•	••	•••	•••	•••
Entlasten in Krisen		••	••			
Sind eher rational	•••	••	•	•		
Sind eher emotional		••	•••	•	•••	
Symbolik		••	•••	•	•••	
Feierlichkeit			••	••	•••	
Stiften Gruppenidentität	•	•••	•••	•	••	
Sind eher monoton		••	•	•••	•••	•••
Sind eher dynamisch	•	••	••			
Enthierarchisieren		••	•••			
Ermöglichen Kreativität	•	••	•••	•	•	

Leistungsvergleich verschiedener Kategorien im Umfeld schulischer Rituale

Dass **Regeln** häufig zu Ritualen erklärt werden, hängt wohl damit zusammen, dass sie auf ähnliche Weise entstehen. Sie erfordern im Vorfeld und zur Etablierung des Rahmens Regelungen und Absprachen mit der Gruppe. Regeln sind aber von Zielsetzung, Adressatenbezug und Dynamik her etwas fundamental anderes als Rituale: Während Rituale das Zusammensein gestalten und füllen, bekämpfen Regeln herrschende Missstände. Regeln legen somit den Finger auf Wunden, markieren Schwierigkeiten, auch wenn sie noch so positiv und mit Perspektive formuliert sind. Sie sind Appelle, fordern Einhaltung und disziplinieren jedes Individuum auf direktem Wege zum Schutze der Gemeinschaft. Regeln reglementieren das Verhalten Einzelner, sei es bei der Arbeit oder während der Pausen. Durch Sanktionen, die mit der Gruppe verabredet wurden, soll eine dauerhafte, positive Verhaltensänderung erreicht werden. Der Regelkanon einer Klasse ist je nach der Gruppensituation Wandlungen unterworfen. Er soll Fehlentwicklungen unterdrücken, um Lernatmosphäre wie Gruppe zu schützen. Oft leisten Ritualisierungen atmosphärisch mehr, weil Appelle durch etwas Attraktives ersetzt werden: Wo Regeln die Gruppe vor Störungen Einzelner schützen, wuchern Rituale mit der Stärke der Gruppe.

In der Soziologie werden **Gewohnheiten** als Verhaltensweisen oder Einstellungen definiert, die sich automatisiert haben. Sie erweitern quasi neutral das eigene Verhaltensrepertoire und werden ohne jede Dramatik oder Emotion von Individuen wie von Gruppen umgesetzt. Weder Kritik noch Fragen werden laut. Es wurde ja immer schon so gemacht. Doch das Denken in Alternativen wird von der Gewohnheit nicht stimuliert, sondern eher erdrückt. Was die Nähe der Gewohnheit zum Ritual ausmacht, findet sich gerade in diesen Reaktionen wieder: Das Handeln wird durch eine von außen gesetzte Rhythmisierung beeinflusst. Die Schüler verhalten sich wie erwartet, ohne dass es einer weiteren Erklärung bedarf.

Zwischen **Zeremonie** und **Tradition** herrschen fließende Übergänge. Beide Kategorien heben auf Feierlichkeit im Rahmen eines stereotypen Ablaufs ab, der von einer größeren Gruppe, der Klasse oder der gesamten Schulgemeinschaft gemeinsam vollzogen wird. Als Zeremonie wird hier ein seiner Dynamik beraubtes, ein erstarrtes Ritual verstanden, das zwar noch die Feierlichkeit eines inszenierten Gemeinschaftsereignisses besitzt, aber Kreativität und Enthierarchisierungspotenzial eingebüßt hat. Noch hohler und weiter entfernt von seinen dynamischen Ursprüngen ist das zur Tradition gewordene festliche Ereignis, das eine Schulgemeinde Jahr für Jahr sinnentleert und gleichförmig verpflichtend begeht.

Bräuche, wie viele Grundschulen sie in jahreszeitlichen oder traditionellen, kirchlichen Festen pflegen, sind in Anlage und Ausgestaltungsmöglichkeit oft weniger autoritär und manipulierend, vielmehr Ausdruck von Volkskultur. Im Fasching, bei Sommer-, Herbst-, Winter- oder Frühlingsfesten gibt es immer auch Gestaltungsfreiräume und dynamische Momente. Nicht von ungefähr spielen solche Feste bei aktuellen Überlegungen über eine positivere Schulkultur eine wichtige Rolle.

Vom Umgang mit schulischen Ritualen

Über die Initiierung schulischer Rituale

Rituale können spontan entstehen, sich verfestigen, weitervererbt bzw. tradiert werden und sich wandeln. Da wird der blaue Fleck in der Klasse zu dem Ort, bei dessen Betreten sofortige Ruhe herrschen muss. Es kann die Gruppe sein, die aus einer Idee und Verabredung ein neues Verhaltensmuster schafft, und seine Gültigkeit durch Konformität und Gruppenzwang sichert. Auf diese Weise kann eine Teppichfliese zu einem Ort avancieren, an dem Schimpfen und Dampfablassen erlaubt sind.

Rituale können sich langsam entwickeln, sich allmählich unter Einfluss aller Beteiligten verfestigen, wie ein Bild, das erst nach und nach seine gültigen Züge annimmt. Rituale können auch von Lehrerinnen erfunden werden, wie es bei den meisten der folgenden 20 Ritualisierungen der Fall ist. Bei der Initiierung von ritualisierten Handlungsabläufen in der Schule ist es oft vonnöten, im Vorfeld mögliche Hindernisse und Schwierigkeiten auszuräumen. Man muss Regelungen für Zeit und Handlungsspielraum begründen und verabreden und vielleicht sogar trainieren, wie etwa die Bildung eines Sitzkreises auf das Kreissymbol hin. Darüber hinaus ist eine Vereinbarung über eine Probezeit zu treffen, nach deren Ablauf gemeinsam über Fortsetzung, Veränderung oder Beibehaltung außerhalb des rituellen Prozesses beraten wird. Wenn es sich um prozesshafte Ritualisierungen handelt, sollte man über geeignete Formen nachdenken, wie sich der Klassenraum in Kürze so verändern kann, dass der Übergang – und mithin die vorübergehende Aussetzung bestehender Strukturen – auch räumlich akzentuiert wird, bis ggf. wieder die alten Verhältnisse hergestellt werden. Variationen der Sitzordnung sind nur eine Möglichkeit dafür. Der Einsatz einer typischen, auf das jeweilige Ritual bezogenen Symbolik, die auch Veränderungen in der Hierarchie erkennbar macht, unterstützt diesen Prozess. Wenn die Entwicklungsphase zu häufig unterbrochen wird, etwa, weil die Gruppe rebelliert, wird keine kontinuierliche Entwicklung möglich sein.

Positive Aspekte der Ritualisierung werden nicht spürbar, Sicherheit kann sich nicht einstellen. Wenn Widerstand, Boykott oder Entzug auch nach der Erprobungszeit bei einer beachtenswerten Minorität fortbestehen, ist ein Ritual gescheitert.

Über die Wirkungen von Zeit

Rituale können, was Rhythmisierung, Dauer und Häufigkeit anbelangt, ganz unterschiedlich sein. Sie können nur wenige Minuten in Anspruch nehmen, während andere sich über Tage (*Klassenzeitung*) oder sogar über Wochen oder Jahre erstrecken. Manchmal treten sie stündlich auf (*Stundenprogramm* oder *Schlussakkord*), bisweilen nur einmal im Jahr (*Zeugnis für die Lehrerin*) und manchmal gar nur wenige Male im Leben. Je seltener Rituale auftreten, desto länger brauchen sie, um sich durchzusetzen. Handlungssouveränität stellt sich umgekehrt umso schneller ein, je häufiger ein Ritual genutzt wird, wie etwa das *5-Minuten-Schreiben* (s. S. 107–110) zu Beginn jeder Deutschstunde. Demgegenüber benötigt etwa das ritualisierte Verfahren zur *halbjährlichen Themenabstimmung* mindestens ein Jahr, bei vielen sogar länger, um Teil des eigenen Verhaltensrepertoires zu werden. Insofern bedarf es der Leitung durch einen Zeremonienmeister länger als andere Rituale, bei denen die Hierarchie im Zusammenspiel klarer Handlungsperspektiven und sinnvoller, egalitärer Ordnung rasch entschwindet. Häufigkeit und Rhythmisierung von Ritualen oder ritualisierten Handlungsabläufen sind das eine, die unterschiedliche Komplexität ritueller Phasen das andere. Einfach strukturierte Handlungsabläufe sind insofern überlegen, als sie von der Gruppe leichter souverän zu handhaben sind und schneller „erlernt" werden. Dadurch stärken sie die Einzelnen wie die Gruppe rascher, die beide durch Praxis und reflektierte Erfahrung früher Einfluss auf Modifikation und Angemessenheit nehmen können. Je länger ein Ritual praktiziert wird, umso mehr wächst nicht nur die Sicherheit, sondern auch die Gefahr, dass es monoton wird und erstarrt, also zur bloßen Zeremonie verkommt.

Über die Kraft von Symbolen

Wenn aus einem Stuhl der Erzählersessel, aus einem bemalten Papier ein Orden wird, wenn ein Stein über das Rederecht bestimmt und die Grundschulzeit zum *roten Faden* wird, wenn eine Wäscheklammer nach Hilfe „ruft", die Perlenkette den Wortschatz repräsentiert, wenn ein Zauberwort genügt, um das Schimpfen der Lehrerinnen zu beenden, wenn das Zerreißen und In-den-Müll-Schmeißen eines obszönen Wortes reicht, diesem verletzenden Wort den Garaus zu bereiten – dann haben wir das Reich der Symbole betreten. Profanes wandelt sich, wird mit Gefühlen von Hoffnung und Optimismus besetzt, scheint magische Kräfte zu entfalten.

Symbole erzeugen wortlose Verständigung und Atmosphäre. Eine Gruppe wird befähigt, sich an ihren Symbolen zu erkennen und von anderen abzugrenzen. Symbole verbinden Nennbares mit Unnennbarem. Symbole können Gegenstände, Gesten, Kostümierungen, Zeichen oder Melodien sein, die bestimmte Handlungen bei allen Gruppenmitgliedern auslösen, ohne dass darüber ein Wort verloren werden müsste. Insofern sind Symbole wie eine Geheimsprache der Gruppe. Die Güte einer Symbolik trägt sowohl zur Verankerung eines Rituals bei, wie sie auch dessen Durchsetzung beschleunigt. Symbole akzentuieren unterschiedliche Rollen und deren Zuschreibungen. Sie verschönern etwas, verwandeln Profanes in „Sakrales", versehen es mit künstlerischen Effekten, machen daraus etwas Ästhetisches, schaffen Genuss. Sie verstärken Wirkungen und begünstigen eine Abkehr vom Alltäglichen. Oft sind es akustische Zeichen, die symbolisch die Zeit in Besitz nehmen, sie zu beherrschen scheinen, wie etwa der Gong, Klangstäbe, ein Regenrohr oder eine Kellnerklingel. Sie alle – jedes auf seine Art – markieren Anfang und Ende eines ritualisierten Handlungsablaufs. Damit hat die Stunde des Rituals geschlagen und die Zeit beginnt zu laufen, vielleicht in einer übergroßen Sanduhr, sozusagen als Herrscherin über die Dauer der Phase. Es sind nicht die sich einer Aufgabe hingebenden Individuen, es ist nicht die Gruppe, nicht die Lehrerin oder der Lehrer, die über die Zeit bestimmen – alle nutzen sie zweckbestimmt und intensiv. Für alle gibt es ein gemeinsames Ende, auf das sie sich von vornherein einstellen können. Es ist das gewählte Zeitsymbol, das das Ende einer rituellen Phase markiert. Ein symbolischer Akt ersetzt die reale Handlung und wirkt doch viel profunder. Symbole von dieser Wirkung zu (er)finden, ist eine Kunst, die Kinder meistens besser beherrschen als wir. Deshalb ist es für unsere Rituale so wertvoll, ihre Ideen aufzugreifen.

Oft wirken Rituale inszeniert wie ein Theaterstück. Die „Mitspieler" sind an ihrer Kostümierung erkennbar, wie der Mattenchef an der besonderen Mütze oder der Briefträger der Klasse an seiner Uniform. Es wiederholen sich Szenen, wenn die Nachrichtensprecher der Klassenzeitung ihren Auftritt inszenieren, sich der Kellnerklingel oder des Anzugs bedienen und ihre drei Fragen beantworten. Auch für die Präsentation geben Schilder wie auch ritualisierte Fragen und Gesprächseröffnungen Sicherheit. Die Ästhetik einer – vielleicht von Bildern oder Gesang begleiteten feierlichen Präsentation – stimuliert Sinne wie Gefühle der Teilnehmer. Sie kann für viele Feierlichkeiten, einen würdigen Rahmen stiften. Es gibt auch Szenarien, in denen das so angelegte Stück bewusst Raum und Schutz bietet, Probleme durch Rollenspiele und Probehandlungen zu lösen. Auch Ersatzhandlungen werden damit eher möglich. Dann bereiten symbolische Akte den realen Erfolg vor. Wenn es schulischen Ritualen oder ritualisierten Handlungsabläufen gelingt, das Moment des Spielerischen zu kultivieren, den Rollen neben hilfreichen Dialogvorgaben auch Freiräume zur Gestaltung zu lassen, wachsen die produktiven Effekte für Einzelne und für die Gruppe.

Dramaturgie und Dreiphasigkeit ritueller Prozesse

Die klassische Ritualtheorie (vgl. Gennep 1909/1986) inspirierte den englischen Sozialanthropologen V. Turner (1989) dazu, auch in heutigen Ritualen drei Phasen zu unterscheiden, die für die Interpretation und Kreation schulischer Rituale insofern von Interesse sind, als sie dazu beitragen, das Erstarrungspotenzial zu verringern.

1. Phase: Trennung (Einstimmung, Vorspiel)

Turner reduzierte im Blick auf die modernen Industriegesellschaften die Bedeutung dieser Phase. Ihre Hauptfunktion bestehe darin, die Ritualteilnehmer aus ihrem alten Zustand herauszulösen, häufig durch räumliche Veränderungen symbolischer Art. Diese Trennung vom Ist- oder Normalzustand (oder der „Struktur") sei als Übergang und Transfer unerlässlich und bereite die Gruppe darauf vor, sich auf den Lauf der Dinge einzulassen. Es sei ein rituell begrenzter Abschied von Normen, Struktur und Logik und insofern eine Art Vorspiel. Umfang und Dauer dieses Einstiegs in das eigentliche Ritual sind variabel.

Im schulischen Kontext zeigt sich diese erste Phase oft in räumlichen Veränderungen, einer Aufhebung der alten Sitzordnung, einer Integration der Lehrerin, die vorübergehend zu einem gleichberechtigten Teil der Klasse wird. Damit gerät das bestehende hierarchische Verhältnis in Fluss, sofern sich die Lehrerin selbst als Gleiche unter Gleichen am rituellen Geschehen der Hauptphase beteiligt. Diese Einstimmungsphase braucht eine besondere Symbolik, etwa bestimmte akustische Erkennungszeichen, um nonverbal immer gleiche Gruppenaktivitäten bei bestimmten Anlässen auszulösen. Je spezifischer das akustische Symbol mit einem Ritual (auch vom Gehalt her) vernetzt und ausschließlich in seinem Kontext verwandt wird, desto größer ist die Wirkung für Einstimmung und Vorbereitung. Bilder oder Zeichen und Gesten wie das Kreiszeichen an der Tafel, das Bild vom Reigen oder die Fotografie vom Gesprächskreis können Startimpulse geben, die Schüler aus der Normalität zu lösen.

Die drei Phasen des ritualisierten Handlungsablaufs (nach TURNER*)*

2. Phase: Grenzüberschreitung

Intensität, Ausmaß und Tiefgang dieser Phase sind nach TURNERS Einschätzung in modernen Industriegesellschaften schwächer geworden. Das spielerisch-experimentelle Moment sei im Fluss dieser entscheidenden Phase heutzutage besonders wichtig. Es befähige eine Gruppe zu einer Gemeinschaftsleistung, einem Erleben ihrer Gemeinschaft (Communitas). Das zeige sich etwa in spontanen Inszenierungen einer Gegenwelt. Auch wenn sich Anlass, Rahmen und Wirkung eingeschränkt, verlagert und relativiert hätten, bietet diese Phase seiner Auffassung nach immer noch Modelle für künftiges Verhalten. Mitmachen und Überschreiten sollten allerdings, wie bei Spiel und Unterhaltung üblich, Ergebnis individueller Entscheidung sein, also dem Freiwilligkeitspostulat entsprechen. Solche Phasen sind im Kontext der Klasse etwa daran zu erkennen, dass einzelne Kinder oder Gruppen die Leitung und Gestaltung übernehmen, etwa im *Klassenrat*, beim *Wochenspiegel* oder beim *Schlussakkord*. Damit setzen sie nicht nur vorübergehend die hierarchischen Strukturen außer Kraft, sondern ermöglichen es auch den anderen, sich in den Fluss des Geschehens mit einzubringen, gestützt und abgesichert durch Symbolik und inszenierte Handlungen. Dann besteht die Chance, dass sich der Einzelne sowie die Gruppe neu erfahren und intensiv kreativ erleben kann. Grenzen und Übergangsriten schützen die Gruppe vor einem völligen Entgleiten, sie garantieren die sichere Rückkehr. Rituale und Rahmungen sowie unsere Vorbereitungen sollen den Schülern die Bedeutung dieses Prinzips erläutern und ihnen Raum und Chance zur Partizipation wie auch zum Rückzug gewähren. Das besondere Moment des Spielerischen ist nicht hoch genug zu schätzen. Es stiftet Sicherheit und Handlungskompetenz, vor allem aber eine Begeisterung und Kreativität für das Erfinden neuer Lösungen für Konflikte und für die Umgestaltung und langfristige Verbesserung von Lernen und Kooperation in der Klasse.

3. Phase: Wiedereingliederung

Hiermit schließt sich für TURNER ein Ritual, gliedern sich die Ritualteilnehmer wieder ein. Nicht so, wie es vordem war, sondern durch den rituellen Prozess unterschiedlich stark verändert. Die Wirkungen sind für jedes Individuum anders, wie umgekehrt auch alle individuellen Veränderungen Folgen für die Gruppe haben können. Diese Phase der Wiederherstellung alter Zustände, von Machtstrukturen unter veränderten Vorzeichen wird häufig von räumlichen Veränderungen und Auflösungen begleitet.

Angliederungsphasen schulischer Rituale sind etwa dadurch erkennbar, dass ein Sitzkreis sich auflöst und die alte Sitzordnung wieder hergestellt wird oder der Redestein, ein Ausweis oder das *Erfolgsbuch* wieder an seinen Platz zurückgelegt wird. Oft kann solch ein Abschluss oder die Re- Integration auch dadurch an Kontur und Attraktivität gewinnen, dass akustische Zeichen, Lieder, Abzählreime oder Kassetten an dieser Stelle Zeichen setzen und damit die Rückkehr markieren.

Gütekriterien

Zwischen Freiwilligkeit und Pflicht

Das Postulat freiwilliger Teilnahme an Ritualen ist im schulischen Kontext kaum zu realisieren. Wenn jedes Kind lernt und von uns dabei unterstützt wird, für sich selbst und die Gruppe Verantwortung zu übernehmen, wird eine bewusste Teilhabe ebenso möglich wie ein persönlicher Rückzug, bleibt die persönliche Integrität geschützt. Dafür gilt es aber zunächst einmal, Rituale mit allen zu etablieren, oftmals mit Strenge, Konsequenz und letztlich Zwang – zumindest in der Entwicklungsphase, um die Wirkungen der Rituale überhaupt erst für den Einzelnen wie die Gruppe erfahrbar zu machen. Da wir uns mit unseren Ritualisierungsideen auf ein Terrain wagen, das Gruppenverhalten reglementiert und für einen bestimmten Zeitraum und Anlass besondere Rahmungen und Konturen erzeugt, sind wir als Lehrkräfte hier gefordert, zumal die erwünschten Effekte umso schneller eintreten, je reiner und regelmäßiger ein Ritual praktiziert wird. Meditative Verfahren wie Stille-Minuten, Fantasie- und Traumreisen bedürfen nicht nur einer behutsamen Vorbereitung und Erläuterung, sondern auch Verabredungen, wie sich Einzelne entziehen können und wann neuerlich über Beibehaltung gemeinsam entschieden wird.

Spielerische Enthierarchisierung

In welchem Maße schulische Rituale tatsächlich dafür sorgen, die hierarchischen Verhältnisse vorübergehend außer Kraft zu setzen, wird sich zeigen. Denn die institutionellen Zwänge und unsere Verantwortung für die Gruppe lassen diese Möglichkeiten schrumpfen. Die besondere Position der Lehrerin, etwa als Zeremonienmeisterin, wird bei vielen Gelegenheiten im rituellen Prozess deutlich. Langfristig aber sollten viele Ritualisierungen die Vormachtstellung der Lehrkraft vorübergehend einschränken, indem sie die Möglichkeiten der Kinder ausweiten, die Rituale und die darin etablierten Freiräume selbstständig zu nutzen, weil sie mutiger und sicherer in der Gruppe und im Umgang mit Raum und Zeit werden.

Bilanzierung und Infragestellen

Den besten Schutz vor Erstarrung und Deformation bieten ritualisierte Bilanzierungsprozesse, wie sie sich in vielen der hier vorgeschlagenen Beispiele finden. Denn sie halten inne, ermöglichen rationale Kritik sowie Argumente und konstruktive Verbesserungsideen. Konstruktive Kritik, Einspruch oder Veränderung sind hier gefragt. Es ist wie ein Schauen auf Ablauf und Wirkungen während des Prozesses. So verstandene Bilanzierungen sind meines Erachtens der beste Garant dafür, dass unsere Ritualisierungen und Rituale nicht zur Zeremonie verkommen und erstarren, sondern dass sie sich ihre Dynamik und ihr Veränderungspotenzial bewahren. Wenn Prinzipien wie Freiwilligkeit, Enthierarchisierung und Dynamik greifen, wird die Re-Ritualisierung an deutschen Schulen ein spannender Prozess, den nicht nur wir Lehrerinnen prägen.

3 Rituale für die in der Grundschule verlebte Zeit

Jedes Kind verbringt in seiner vierjährigen Grundschulzeit fünf bis sechs Schultage pro Woche in der Schule. Mit täglich vier bis fünf Unterrichtsstunden, je nach Klassenstufen und Länderregelungen, ergibt dies insgesamt zwischen 3.800 und 4.000 Zeitstunden. Die institutionellen Vorgaben unterteilen diese Zeit in vier Schuljahre, die, zumindest teilweise, mit ausreichenden Zeugnissen den Weg in die nächst höhere Klasse erlauben. Ob Halbjahreszeugnisse eine Zäsur bilden, ist von den Klassenstufen sowie der Zeugnis- und Versetzungsordnung der Bundesländer abhängig. Die Verteilung der zwölfwöchigen unterrichtsfreien Zeit, der Schulferien und Feiertage, wird von den Bundesländern in Absprache bestimmt. Ob ein Kind am Sonnabend zur Schule gehen muss oder sich die wöchentliche Stundenverpflichtung auf fünf Schultage verteilt, haben die Landes- und Bezirksregierungen zu entscheiden. Überall dort, wo inzwischen die Verlässlichkeit der Grundschule eingeführt ist und von 8 bis 13 Uhr schulische Angebote bestehen, herrscht die 5-Tage-Woche. Inwieweit die 45-minütige Unterrichtsstunde noch als Standard gilt, die durch schrilles Klingeln den Schultag fünf bis sechs Mal in Unterricht und Pausen zerreißt, ist nicht nur von den Pausenregelungen der jeweiligen Schule abhängig, sondern auch von Zwängen durch Stundentafel, Regelungen des Fachunterrichts sowie der aktuellen Lehrerversorgung. Vielerorts wurden in den Grundschulen die Pausengongs abgestellt, zumindest, was die kleinen Pausen anbelangt. So konnten Tagesabläufe entstehen, die helfen, die Zeit für Kind und Klasse sinnvoller und angemessener zu nutzen. Da das Zeitempfinden der Grundschulkinder unterschiedlich ausgeprägt und auch von Tagesform und Situation abhängig ist und sich sprunghaft verändert und weiterentwickelt, ist eine Rhythmik förderlich, die von Spannung und Entspannungsphasen lebt. Dieser entwicklungspsychologischen Prämisse tragen viele Arrangements zur Rhythmisierung in der verlässlichen Halbtagsgrundschule Rechnung, nämlich mit ihren täglichen Ankommens- und Abschlusszeiten, zwei von bewegungsaktiven Pausen unterbrochenen anderthalbstündigen Arbeitsblöcken, den unterschiedliche Sinne stimulierenden Wahlangeboten sowie einer gemeinsamen Schlussbesinnung. Das Verständnis von Zeit –

sowohl was den Blick zurück als auch in die nahe Zukunft betrifft – ist nicht nur in der ersten und zweiten Klasse Gegenstand von Mathematik und Sachunterricht, es wird nach der Beherrschung der Uhrzeit kontinuierlich ausgeweitet, etwa um soziale und historische Aspekte im Lebens- und Erfahrungsbereich der Kinder.

Zeit für sich allein zu erleben, zu füllen, zu nutzen oder sich zu langweilen, ist das eine. Zeit mit anderen zusammen zu verbringen und als positiv zu erfahren, stellt andere Anforderungen, insbesondere dann, wenn man sich die vielen anderen Mitschüler gar nicht aussuchen konnte, wenn schon deren bloße Zahl die eines potenziell überschaubaren Freundeskreises übersteigt. Mit dieser Situation sind Erstklässler konfrontiert und oft überfordert. Die große Gruppe bleibt ein Problem, das langfristig nur durch besseres Kennenlernen und akzeptierte Regeln sowie Rituale an Brisanz einbüßt. Als ständige Aufgabe bleibt uns Lehrerinnen, tagtäglich und stündlich die schwankenden Stimmungen wahrzunehmen und aufzufangen, strahlen sie doch auf die Gruppe insgesamt aus. Sie beeinflussen ihre Möglichkeiten zur Kooperation sowie zur Bewältigung der anstehenden Lern- und Arbeitsaufgaben. Dass es Verordnungen und Richtlinien darüber gibt, welche Fächer und Themen in welchem Umfange unterrichtet werden, ist Grundschulkindern zumeist fremd – es ist die Macht der Gewohnheit, die hier regiert und sie nicht rebellieren lässt. Wir sind es, die in ihren Augen das inhaltliche, methodische und zeitliche Monopol besitzen. Und sofern wir mit den Geboten von Lehrplan und Schulprogramm übereinstimmen, trifft dies auch zu. Wir entscheiden oftmals über Inhalte, Zeitnutzung und Methoden. Es liegt in unserer Verantwortung, dass Schulzeit von den Kindern nicht vor allem als belastend und anstrengend, als zermürbend und ohne Einschnitte in einen scheinbar endlosen Strom mündend erlebt wird. Es ist für alle von Vorteil, wenn wir es schaffen, Zeit stärker zu akzentuieren und zu gestalten, sie intensiv und effektiv zu nutzen, wenn – und dazu sollen die folgenden Handlungsvorschläge beitragen – ritualisierte Akzente bei verschiedenen Anlässen greifen. In all ihrer Unterschiedlichkeit und Häufigkeit ist ihnen doch einiges gemein: Viele der folgenden Rituale ranken um den Anfang oder den Schluss von zeitlich definierten Einheiten. Anfangssituationen sind häufig heikel, weil die Beziehungen zur Gruppe immer wieder neu zu knüpfen sind, zu einer Gruppe, deren Stimmungen von Tagesform und Fach, vom Verhältnis zwischen anderen und zur Lehrerin beeinflusst wird sowie von häuslichen und konstitutionsbedingten Voraussetzungen. In einer solchen Situation durch einen symbolisch untermalten, anerkannten ritualisierten Einstieg mit der Regelmäßigkeit auch Sicherheit, Vertrauen und vielleicht gar gemeinsame Vorfreude zu erzeugen, ist

Sinn und Zweck von Ritualen des Anfangs. Schlussrituale helfen innezuhalten: Sie rufen alle Kinder der Klasse auf, den Blick auf Vergangenheit und Zukunft zu richten, sich etwa auf das individuelle Empfinden, Weiterkommen und den persönlichen Lernzuwachs zu besinnen und sich über Besonderheiten sowie Gemeinsamkeiten auszutauschen. Bilanzierung und Erfahrungsaustausch werden durch gegenseitige Anerkennung ergänzt. Wie viel andere in der gleichen Zeit schaffen, wie unterschiedlich gelungen die Ergebnisse sind, welche Fortschritte jeder Einzelne macht, all dies geriete ohne ritualisierte Bilanzierungsprozesse rasch in Vergessenheit, könnte ermutigende Wirkung nur zufällig entfalten. Mehr Zufriedenheit und Leistungsbereitschaft sowie eine angemessenere, realistische Selbst- und Fremdeinschätzung wird sich langfristig für jedes Kind einstellen. Dies wird sich wiederum produktiv und konstruktiv auf die Klassenatmosphäre auswirken.

Wenn die ritualisierten Handlungsabläufe mit der kleinsten Zeiteinheit – der Stunden- oder Arbeitsphase – beginnen und mit ritualisierten Anfangs- und Abschlussarrangements für die Grundschulzeit enden, dann soll damit keiner Zerstückelung des Schultags, der in der Grundschule viel bedeutsamer ist, das Wort geredet werden. Es ist auch kein Plädoyer für vermehrten Fachunterricht oder ein großes Klassenkollegium. Es geht vielmehr von der Erkenntnis aus, dass für Kinder dieser Entwicklungsstufe kleinere Zeiteinheiten überschaubarer und leichter bewusst wahrzunehmen sind. Auf ihrem weiteren Weg in Richtung Zeitökonomie ist es für die Kinder und Lehrerinnen hilfreich, sich von kleineren zu größeren Einheiten zu bewegen, um durch häufige Wiederholung rasch Wirkungen zu erzeugen und registrieren zu lernen. Wenn verschiedene Kolleginnen im Laufe eines Schultages nur bestimmte Stunden- oder Arbeitsphasen leiten, ist es für die Kinder wie für sie selbst hilfreich, ihre Planungen transparent zu machen. Klassenlehrerinnen, werden eher auf Ritualierungsvorschläge für den Schultag zurückgreifen. Auch liegt es oftmals in ihrem Kompetenzbereich, Wochenrituale zuzulassen oder zu initiieren. Ohne sie und eine enge Kooperation wird es schwer sein, Monatsrituale, halbjährliche oder gar Schuljahresrituale zu praktizieren. Dabei werden die positiven Effekte von Ritualen sich umso rascher dann einstellen, wenn sich in den Klassen ein ritualisiertes Handlungsrepertoire aufbaut, wenn der Umgang mit Symbolik und Rahmungen den Kindern vertraut ist. Die Rhythmisierung der Grundschulzeit ist weit fortgeschritten. Vor Ort, in vielen Klassen, zeigen sich viele die Fantasie anregende Beispiele. Nicht alle sind der Selbstständigkeit und Kooperationsfähigkeit förderlich, aber es gibt wunderbare Erfindungen von Lehrerinnen und Kindern, über die ein Austausch lohnend wäre.

Rituale für die Stunde oder die Arbeitsphase

Eine Unterrichtsstunde oder Arbeitsphase birgt vor allem zwei Klippen: den Anfang und das Ende. Ritualisierungen, die hier greifen und sich mit der Klasse weiterentwickeln, tragen zur Entspannung bei. Die Schwierigkeiten des Anfangs ergeben sich oftmals daraus, dass wir uns Gedanken über Inhalt und Ziele, Ablauf und Methoden machen, die den Kindern in der Regel nicht bekannt sind. Sie haben ihrerseits davon abweichende Interessen und Wünsche, befinden sich darüber hinaus in einer von Familie, Pausen- und Schulerlebnissen beeinflussten Tagesform. Solche unvorhersehbaren Schwankungen wirken sich auf das Verhältnis zu uns wie zur „Nachbarschaft" und Gesamtgruppe aus. Motivation und Leistungsfähigkeit sowie Kooperationsbereitschaft sind von dieser sich wandelnden individuellen Disposition betroffen, atmosphärische Schwankungen die notwendige Folge davon. Ein Grund mehr, durch ritualisierte Anfänge und Schlussakkorde Sicherheit für die Gruppe sowie jedes ihrer Mitglieder zu stiften; sie schaffen Verlässlichkeit, wo ansonsten Unsicherheit und Unzufriedenheit die Oberhand gewinnen könnten.

Wenn eine Stunde oder Arbeitsphase nach der Begrüßung mit einer Erkennungsmelodie beginnt, vielleicht mit einem gemeinsamen Lied, der Nussknackersuite für die Knobelstunde von der Kassette oder einem Spiel, und wenn auch Platz vorgesehen ist, „Reste" aus Pause oder Schultag zum Besten zu geben, bevor das Arbeitsprogramm veröffentlicht wird, vielleicht Interesse weckt oder Tempo macht, dann wird möglicher Unzufriedenheit der Boden entzogen. Die Kinder lernen darüber hinaus – und auch dies ist ein wesentlicher Teil des Stundenanfangsrituals – am besten dann, wenn sie wissen, worum es geht und warum das wichtig ist, wenn sie wissen, was sie besser können werden, wenn sie sich anstrengen und Erfolg haben. Die Lernchancen offen zu legen, stimuliert den Tatendrang vieler Kinder. Zugleich wachsen die planerischen Kompetenzen der Kinder, ihre Selbstständigkeit sowie ihr Teamgeist.

Stunden oder Arbeitsphasen zu beenden, ist insofern kompliziert, als ein von außen gesetztes akustisches Signal eine zeitliche Zäsur setzt, die aus schulorganisatorischen Zwängen resultiert. Gleich ob es sich dabei um eine 45-minütige Unterrichtsstunde handelt oder um eine variable Arbeitsphase im Rahmen eines Tagesstrukturplans – sie haben ein Ende, das es zu gestalten gilt. Denn die Kinder haben Energie aufgebracht, sich inhaltlich auseinander gesetzt, Lösungen gefunden, Erfolge errungen und Misserfolge erlitten, alleine, zu zweit oder in der Gruppe. Sie sind mit sich zufrieden oder verzweifelt, haben neue Fragen, brauchen Hilfe, möchten den anderen etwas mitteilen, wollen Anerkennung bekommen, Luft schöpfen oder ihren Ärger loswerden, bevor sie in die verdiente Pause gehen. Viel wird verschenkt, viel bleibt uns möglicherweise an Hinweisen für Fortsetzung, Vertiefung und Lernatmosphäre verborgen, wenn wir die Erfolge der Stunde oder Phase nicht mit Hilfe eines ritualisierten Schlussakkords möglichst vielschichtig festhalten. Die Reflexionsfähigkeit der Kinder steigt, eine Kultur der Ermutigung kann sich in der Klasse etablieren.

Das Stunden- oder Arbeitsprogramm

▪ **Einsatz**: Alle Fächer; alle Klassen; Dauer: 1 bis 2, maximal 5 Minuten

▪ **Ablauf/Beschreibung**: Zu Beginn einer Stunde veröffentlicht die Lehrerin, was in der 45- oder 90-minütigen Arbeitsphase auf die Kinder zukommt – sei es mündlich oder schriftlich an der Tafel, auf einer Folie am Overheadprojektor oder auf einem Plakat. Sie erläutert dabei, warum das gewählte Thema gerade für diese Kinder und ihre Vorkenntnisse und Interessen bedeutsam ist. Sie unterstreicht zudem, warum welche Methoden gewählt wurden und weshalb diese die Kinder besonders fordern werden. Insofern handelt es sich nicht nur um einen formalen Akt, sondern die Lernchancen werden der Klasse in inhaltlicher wie methodischer Hinsicht vorgestellt und begründet. Das Thema der Stunde wird oft als Frage formuliert – etwa: „Woran kann ich Amseln erkennen?". Diese Frage ist zugleich der „Titel" der Stunde, der umso zündender ist, je stärker er Schülerfragen aufgreift, wie sie etwa durch das *Ritual zur Themenfindung* (s. S. 66–70) systematisch erzeugt werden. Das weitere Vorgehen, die Methodenwahl und auch die Zeitplanung, wird gerade in den unteren Klassen erst nach und nach aufgedeckt und erläutert, um die Nachfragen zu konzentrieren und die Kinder im Anfangsunterricht nicht zu überfordern. Die wichtigsten Phasen werden mit Symbolen und Stichworten als Erinnerungsstütze visualisiert. Grobe Zeitangaben sind sinnvoll.

An der Tafel oder auf dem Plakat festgehalten, wird das Stundenprogramm gut lesbar eine Tafelhälfte füllen. Es kann als Leseanlass genutzt werden. Darüber hinaus dient es dem Innehalten bei Phasenübergängen. Die Lehrkraft arbeitet mit seiner Hilfe heraus, was bereits geschafft wurde, wie es weitergeht und was noch alles zu bewältigen ist. Auch für den Abschluss kann sie es sinnvoll für eine differenzierte Stundenbilanz nutzen (vgl. auch das nachfolgend dargestellte Ritual zur Stundenbilanzierung: *Schlussakkord*). Es werden sich in den Klassen Symbole entwickeln, um Kreisgespräche oder auch Einzel-, Partner- oder Gruppenarbeit zu charak-

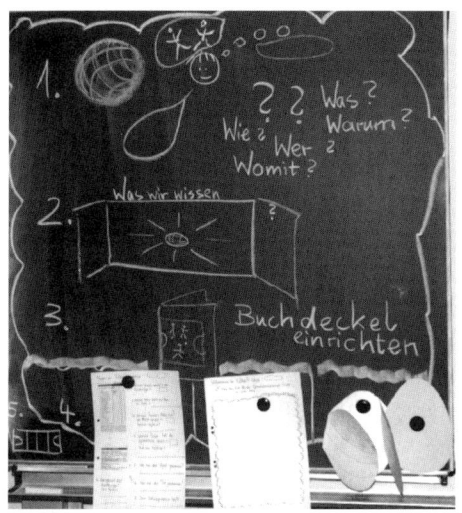

terisieren und um das Gesprächsverhalten zu beschreiben. Solche Symbole bzw. Zeichen können auch gemalt und auf Pappe aufgeklebt werden und etwa mit Magneten für die schriftliche Vorstellung des Stundenverlaufs an der Tafel eingesetzt werden, zunehmend auch mit Unterstützung der Kinder (vgl. *Tagesprogramm*, S. 35–38).

Stundenprogramm:
Thema Fußball in Klasse 1

■ **Ziel/Funktion/erwartete Wirkung**: Wenn wir mit dem Stundenthema auch die Aufgaben und Ziele sowie deren Relevanz darlegen, unser Thema sowie die Methoden begründen, sind die Kinder als Adressaten unserer Bemühungen und künftige Mitgestalter des inhaltlichen Unterrichtsangebots an grundlegenden Prozessen bewussten Lernens beteiligt. Neben planerischen Fähigkeiten steigt damit der zielgerichtete Umgang mit Zeit. Arbeitseffektivität und Zufriedenheit können wachsen, denn Unterrichtszeit wird thematisch wie methodisch übersichtlich in Phasen zerlegt. Fragen Einzelner, etwa „Was machen wir heute?", erübrigen sich. Die Ritualisierung erzeugt neben einem Anspruch auch das Vertrauen, gemeinsam über das Programm informiert zu werden und zunehmend mit darüber zu bestimmen. Vielleicht zu Anfang gegebene Verunsicherung oder gar Misstrauen schwinden. Andere Schulerlebnisse treten durch solcherart dynamische Stundeneröffnungen in den Hintergrund. Insofern hilft und entlastet ein veröffentlichtes Stundenprogramm in mehrerer Hinsicht: Wir sparen durch Struktur, Begründung und Klärung Zeit. Das Programm akzentuiert gemeinsame sowie selbstständige Lernphasen einer Stunde, kann dem Innehalten und der Zäsur dienen, vermittelt übersichtlich, wie weit ein jeder denn gekommen ist. Attraktive Schlussakkorde stimulieren und erleichtern Planungsänderungen. Wird der Lernertrag skizziert, dann lernen die Kinder nicht nur zielgerichteter, sondern sie sind zunehmend auch in der Lage, ihren persönlichen Lernertrag zu konkretisieren, indem sie ihn an den veröffentlichten Möglichkeiten messen.

■ **Ideen zur Initiierung**: Das Stundenprogramm soll gut lesbar an der Tafel oder auf Packpapier stehen und präsent bleiben, damit es seinen Informationseffekt erfüllt. Das Anschreiben macht Schülerinnen und Schüler zu Zeugen, reizt zum Lesen und Nachdenken, zum Gespräch und zum inhaltlichen Warmwerden, weckt Interesse und erste Fragen. Das Programm wird von Kindern oder der Lehrerin vorgelesen. Die inhaltliche Begründung des Themas, etwa das Aufgreifen einer Schülerfrage oder die Kriterien, die die Lehrerin bewogen haben, einen bestimmten Aspekt ins Zentrum zu rücken, sind wesentlich, um bei allen inhaltliche Ernsthaftigkeit zu wecken und mit den ausgewiesenen Ansprüchen auch die Leistungsbereitschaft zu fördern. Erläuterungen und Begründungen müssen ergänzt, Fragen im Vorwege geklärt werden. Wenn das Stundenprogramm immer wieder den gleichen Rahmen und die gleiche Struktur erhält, angefangen vom Stundenthema als Titel über Symbole für Einzel-, Partner- oder Gruppenarbeit, den Kreis für eine Runde etc., wenn unterschiedliche Farben immer dieselbe Verwendung finden, verstärkt man nicht nur den Wiedererkennungseffekt, sondern man qualifiziert zugleich auch die Kinder, die äußere Gestaltung selbst vorzubereiten. Hier wird sich im Laufe der Zeit zwischen einzelnen Schülern und in der ganzen Klasse eine Art Geheimsprache entwickeln, von der nicht nur die Planung und Gestaltung des Unterrichts profitiert, sondern das Gemeinschaftsgefühl insgesamt. Bei einem Phasenwechsel (vom zweiten zum dritten Punkt) kann der Verweis auf das Stundenprogramm Anlass zu einer Ruhepause und zugleich für einen Ausblick geben. Desgleichen kann das Stundenprogramm genutzt werden, um ein Fazit der Stunde zu ziehen, vielleicht, indem man den Schülern noch einmal die verschiedenen Schritte vor Augen führt und ihnen als Lehrer seine Beobachtungen über Erfolge oder Schwierigkeiten in bestimmten Phasen mitteilt.

■ **Gefahrenpotenzial und Handlungsmöglichkeiten**: Es kann sein, dass die Planung schon in den ersten Phasen erheblich von der Realität abweicht. Dies wird allen Beteiligten natürlich deutlich, wenn man seine Zeitplanung transparent gemacht hat und nicht nur die Reihenfolge der Arbeitsschritte. Dann sollte man kurz innehalten und den Betroffenen mögliche programmatische Änderungen begründen. Begründetes Abweichen und ein Vertagen geplanter Schritte stiftet Klarheit und schlägt den Bogen zur Weiterarbeit. Das Stundenprogramm ist schließlich kein Medium, das alle Beteiligten auf einen bestimmten Ablauf festlegte.

Genaue Zeitangaben (z. B. 12.00 bis 12.15 Uhr: selbstständige Arbeit) können manche Kinder dazu verführen, nur noch darauf zu achten. Dies wird aber nicht von Dauer sein. Dennoch können detaillierte Angaben, so viel Sinn sie bei bestimmten Anlässen haben mögen, zur Geißel werden. Es ist zu klären, wann genaue Zeitangaben geeignet und wann überschlägliche Informationen zur Dauer reichen. Konkretisierungen können ja auch bei Bedarf und unter dem Eindruck der laufenden Stunde nachgereicht werden. Dann bewahrt man sich mehr Flexibilität in der Sache und den realen Lern- und Arbeitsprozessen gegenüber.

Oft wird die Befürchtung geäußert, die Transparenz eines Stundenprogramms zerstöre die Neugierde und Lernbereitschaft weckenden Impulse von Überraschung und Geheimnis. Das ist selten der Fall. Schließlich müssen die Kurztitel der Phasen keineswegs alles verraten. Im Idealfall sollten sie ein Fragezeichen enthalten und vor allem Auskunft über die Struktur des Umgangs mit Thematik und Zeit geben. Manchmal macht es Sinn, das Programm erst im Anschluss an einen anderen Stundenstart zu offenbaren. Dies kann auch mündlich geschehen. Aber man wird erleben, dass die Kinder, die eine solche Klassenkultur mit entwickeln, ihre Bedürfnisse an sachgerechter Information und Beteiligung anmelden – und nicht nur sie.

Der Schlussakkord zum Stundenschluss – drei Fragen

■ **Einsatz**: Alle Fächer und Klassenstufen; Dauer: die letzten 5 (manchmal 10) Minuten einer Stunde oder Arbeitssequenz

■ **Ablauf/Beschreibung**: Sechs Minuten vor dem Ende einer Stunde oder Arbeitsphase gibt ein zu Beginn der Stunde eingestellter Wecker das Signal, die Arbeit sofort einzustellen und mit dem Schlussakkord, den drei Fragen, zu beginnen. Einer mit der Klasse zu erstellenden Liste ist zu entnehmen, wer die Leitung des Rituals innehat, sei es allein oder zu zweit. Folgende drei Fragen hängen auf dem gemeinsam erstellten Schlussakkord-Plakat an der Tafel neben dem Stundenprogramm. Da die Leitfragen alle mit dem Fragewort „wie" beginnen, kann man in der Klasse auch vereinfachend von den „3 Wies" sprechen. Sie werden nacheinander von dem oder den Gesprächsleitern vorgelesen, abgestimmt und nachgefragt:

1. **Wie** habe ich diesmal gearbeitet (gut/mittel/schlecht)? Warum?
2. **Wie** hat die Zusammenarbeit geklappt (gut/mittel/schlecht)? Warum?
3. **Wie** interessant war das Thema für mich (sehr/mittel/gar nicht)? Was habe ich dazugelernt?

Um Zeit zu sparen, kann dies per Daumenprobe – den gehobenen Damen für gelungen, den zur Seite zeigenden für mittelprächtig und den nach unten gerichteten für missraten – selbst gefertigten Smiley-Schildern mit den entsprechenden Mundstellungen oder einer mit den Fingern anzugebenden Benotung (1 bis 6) geschehen. In den Klassen 3 und 4 können die Kinder die „drei Fragen" unter dem Tagesdatum auch in einem eigenen Lerntagebuch schriftlich beantworten.

Die Leiter des Schlussakkords werden (wie auch die Klasse insgesamt) durch die regelmäßigen Wiederholungen immer geübter darin, ihr Votum bei Bedarf zu begründen. Es obliegt ihrer Entscheidung, ob Fragen und Äußerungen aufgegriffen werden oder nicht. Der Blick auf die verbleibende Zeit fördert die Gesprächsdisziplin. Auch Meldungen von Lehrerseite dürfen der knappen Zeit zum Opfer fallen. Ob die Schlussverantwortlichen das letzte Wort haben oder die Lehrerin ein Fazit zieht und einen Ausblick zur Weiterarbeit gibt, hängt von der Gruppe, ihren Erfahrungen sowie vom Lerngegenstand und der Situation ab.

■ **Ziel/Funktion/erwartete Wirkung**: Durch die von den Schülern leicht selbst zu handhabende Struktur verstärkt sich die Verantwortung aller, zu einem gemeinsamen Schluss zu gelangen, die gegebene Zeit sinnvoll und effektiv zu nutzen und über mögliche Probleme konstruktiv nachzudenken. Denn die Würdigung des Engagements eines jeden wie auch der ganzen Gruppe wird zum festen Bestandteil jeder Stunde. Schwierigkeiten und Kritik sind gefragt, Lösungen erwünscht.

Zufriedenheit über eigene und gemeinsam errungene Leistungen ist legitim und unerlässlich, um zu einem konstruktiven Umgang mit Fehlern zu gelangen. Der einleitende Blick auf sich selbst ist wichtig, weil sich das Folgende dadurch relativiert und die eigenen Anteile am Gesamtgeschehen und am gemeinsamen Ertrag akzentuiert werden. Die Qualität und Angemessenheit unserer Lernangebote profitieren von dieser Feedbackart umso mehr, als sie uns rasch, kontinuierlich und aus der Distanz heraus einen detaillierten Einblick in Wirkungen ermöglicht. Es entsteht ein sehr differenziertes Bild.

Die Kinder spüren die positiven Wirkungen dieses Rituals schnell. Denn sie lernen, auf sich, die Gruppe, das Thema und die Lehrkraft zu schauen, und zwar mit einem konstruktiven, wertschätzenden Blick. Dieser Blick wird immer genauer und realistischer, je stärker die Kinder die Sicherheit besitzen, gefragt zu sein und Wirkungen zu erzeugen. Der persönliche Stolz auf die eigenen Leistungen kann durch solche Ritualisierungen zum Grundstock einer selbstbewussten Klassenkultur werden, die Schutz vor abträglichen Bemerkungen anderer gewährt.

■ **Ideen zur Initiierung**: Mit der gemeinsamen Verfassung des Schluss-akkord-Plakats, dem eigenen Vormachen, dem Anlegen einer Liste von frei-willigen Leitern sowie der Uhr und vielleicht einer Kellnerklingel als Ruhe-signal verfügen die Kinder über Strukturierungshilfen, den Schlussakkord mit den „3 Wies" zunehmend selbstständig zu gestalten. Unerlässlich ist es, ihnen diese zu begründen, zu erklären, weshalb es so wichtig ist, über sich selbst nachzudenken, über die Güte der Kooperation sowie über Interesse und Lernertrag. Auch ein Austausch über Bewertungskriterien ist – ange-sichts der nahe liegenden Subjektivität – für die Präzisierung der eigenen Maßstäbe notwendig. Hin und wieder sollte man laut darüber nachdenken, wann man persönlich mit sich zufrieden ist und warum, wodurch sich eine gute Zusammenarbeit auszeichnet oder woran sich etwas Interessantes be-misst. Wie stellt man denn fest, dass man etwas dazugelernt hat? Schließ-lich darf ein Gespräch über die Annahmen und Voraussetzungen, die einer Bewertung zugrunde liegen, nicht fehlen, qualifiziert es doch die Kinder in zunehmenden Maße, ihr Urteil immer differenzierter zu begründen. Hier hilft in der Anfangszeit die persönliche Nachfrage der Lehrerin oder ein „Warum?"-Schild, das wortlos um Argumente bittet. Wenn Smileys oder Fragebögen selbst hergestellt werden, wird dies Gelegenheit bieten, ge-meinsam über deren möglichen und sinnvollen Einsatz nachzudenken.

Vielleicht tun sich einige Kinder zunächst schwer damit, weil es nicht nur eine Chance, sondern auch anstrengend ist, regelmäßig über sich, die Zu-sammenarbeit und das Thema nachzudenken und seine Meinung zu be-gründen. Insofern ist die Lehrerin gefragt, für eine Verankerung des ritua-lisierten Abschlusses Sorge zu tragen, um den Kindern die positiven Erfahrungen erst zu ermöglichen. Ob der Schlussakkord mit einem ge-meinsamen Lied oder einem kleinen Spiel endet oder damit eingeläutet wird, ist eine Frage der Zeit, der Situation und der Gruppe.

■ **Gefahrenpotenzial und Handlungsmöglichkeiten**: Zu Beginn wird man feststellen, dass viele Kinder keine sicheren Kriterien zur Selbst- und Fremdeinschätzung besitzen. Meist schätzen sie sich selbst viel zu gut oder zu schlecht ein. Da hilft die Gewissheit, dass sie durch die Regelmäßigkeit dieses Feedbackrituals die bestmöglichen Stützen erhalten. Unerlässlich ist die Vorgabe, dass zum Schutz eines jeden eine Kommentierung von ande-ren zu unterbleiben hat. Es wird unterschiedlich lange dauern, bis die Kin-der genug Kriterien und Vertrauen gesammelt haben, sich auf ihr Urteil und die von ihnen angestrebten Konsequenzen zu konzentrieren. Manchmal brauchen Kinder den geschützten Raum eines Beratungsgesprächs mit der Lehrkraft, um angemessenere Maßstäbe herauszufiltern.

Bisweilen reicht die Zeit nicht für alle Punkte, weil sich Kontroversen ergeben. Wenn es dennoch möglich ist, das Kernproblem einzukreisen, ist schon viel gewonnen. Eine Lösung kann nur mit dem nötigen Abstand im Klassenrat oder der nächsten Stunde diskutiert werden.

Es kann geschehen, dass die Lehrerin nachhaken und etwas richtig stellen möchte, aber in Konkurrenz zum Leiter oder zur Leiterin des Schlussakkords gerät. Es stünde im Widerspruch zum rituellen Gehalt dieses Arrangements, schwächte die Leitung durch Schüler und verzögerte die Effekte, wenn wir Lehrerinnen Schüleräußerungen oder Voten sogleich kommentieren, hinterfragen oder problematisieren würden. Wir desorientierten auch die Mitschüler, die nicht mehr wissen, wo die Verantwortung eigentlich liegt, wer die Autorität dieser Phase besitzt. Wir haben das Redemonopol so oft. Hier müssen wir zuhören, beobachten und uns melden, wenn wir uns äußern und einbringen wollen. Wenn wir uns zu lebhaft einschalten, halten wir die Schüler davon ab und stören sie dabei, ein realistisches Selbstbild aufzubauen und Verantwortung für ihr eigenes Lernen zu übernehmen. Wir erzeugen neue Abhängigkeit, wo wir Autonomie propagieren. Die verschiedenen Voten und Begründungen der Kinder geben uns ausreichend Stoff zum Nachdenken und zur Verbesserung. Demzufolge sollte man auf Einwürfe verzichten und die Gesprächsleitung unbestritten bei den dafür auserkorenen Schülern belassen.

■ **Variationen**: Man kann die Schlusszeit auch mit schriftlichen Verfahren sinnvoll füllen. Erst- und Zweitklässler könnten sich überlegen, wie sie ihr eigenes Arbeitsverhalten bewerten – welche Art Smiley sie sich geben, den lachenden, den neutral-unentschiedenen oder den mit den heruntergezogenen Mundwinkeln. Diese könnten sie selbst neben das Tagesdatum etwa auf einem auf ihrem Tisch befestigten Bogen malen. Ob die Zusammenarbeit gleichermaßen bewertet wird oder die Güte des Themas, ist eine Frage der Absprache, sollte aber bei Schulanfängern erst sukzessive erweitert werden. Dieses Verfahren zur Selbstreflexion kann auch als Vorlauf einer quantitativen Gesamtauswertung genutzt werden. Alternativ zur Tischdokumentation, die über mehrere Wochen laufen mag, könnten auch Plakate in der Klasse für mehr Öffentlichkeit, Transparenz und Gespräch sorgen.

Wenn die Kinder mit solchen Verfahren vertraut sind, werden sie spätestens von der dritten Klasse an auch in der Lage sein, ihr persönliches Feedback zu Arbeitsphasen und Stunden bzw. zu Tagen und Wochen auch mittels einer ritualisierten schriftlichen Befragung zu geben. Wie weit diese unmittelbar zum Gesprächsanlass genutzt wird, wie weit sie anonym erfolgt oder für die Lektüre durch die Lehrerin freigegeben wird, ist mit der

Lerngruppe abzustimmen und auszuprobieren. Das eine ersetzt das andere nicht. Auch eine kontinuierliche Selbstreflexion braucht das Gespräch und den Austausch, zielt auf Verbesserungen bei allen Beteiligten ab. Insofern benötigen gerade die stillen Varianten immer auch ein gemeinsames Nachdenken über Fortsetzung, Abänderung und Konsequenzen.

Rituale für den Tag

Ritualisierte Abläufe von Schultagen sind ein Markenzeichen reformorientierter Grundschulen. Die Voraussetzungen sind hier günstiger als an allen anderen Schulformen: In den Klassen unterrichten nur wenige Kollegen, das Leitungsteam und das Klassenkollegium können sich rasch abstimmen und austauschen. Ein großes Stundenkontingent und die Übernahme vieler Fächer erhöhen die zeitliche und inhaltliche Flexibilität. Insofern stehen die Chancen gut, die Kinder zu Beginn eines Schultages in Empfang zu nehmen und an dessen Ende zu verabschieden.

Schultage sind lang und anstrengend, insbesondere für Schulanfänger, die das Zusammensein mit vielen in einem engen Raum kaum kennen und oft unter den störenden Verhaltensweisen von Einzelnen leiden und sich dem doch nicht entziehen können. In dem in Entwicklung begriffenen Zeitverständnis der Schulanfänger scheinen die Tage zu verschwimmen. Deshalb ist es wichtig, besondere Akzente zu setzen, die Einzigkeit eines jeden Tages hervorzuheben. Dies geschieht etwa durch das *Perlenkreis-Ritual*, bei dem jeder Tag mit einer speziellen Perle begrüßt und auf einer im Jahr anwachsenden Kette in der Klasse aufgereiht wird. Namens- und Geburtstage von Kindern sind durch besondere Anhängsel hervorgehoben, nicht ohne erklärt zu werden. Gleiches gilt für wichtige Feste aus verschiedenen Religionen im Jahrszyklus, für Jahreszeiten und Monate. Dieses Bedürfnis nach bewusster zeitlicher Zäsur wird im ritualisierten Tagesprogramm auch bedient. Denn dort erhält jeder Schultag seine spezielle „Duftmarke", die sein Datum, die Wetterlage oder außergewöhnliche Ereignisse umfasst und durch spezielle Tagesaufgaben Form annimmt. Jeder Schultag wird von den Kindern unterschiedlich erlebt, ein jeder hat schöne, traurige, langweilige und anstrengende Phasen. Jeder Schultag ist anders, ist stets ein Neubeginn, ein weiterer Schritt im Leben. Jeder Tag bietet den Grundschulkindern die Chance, Lasten und Misserfolge des Vortags hinter sich zu lassen und unbeschwert, voller Energie wieder loszulegen.

Ein Schultag ist an verschiedenen Stellen besonders krisenanfällig: zu Beginn, also beim Ankommen und beim Arbeitsstart, bei zu langen bewegungsarmen, nur wenige Sinne beanspruchenden Arbeitsphasen sowie in den großen Pausen und zum Schulschluss. Spezielle Probleme können sich auch auf dem Schulweg ergeben. Dieser liegt eigentlich außerhalb des Kompetenzbereichs der Lehrerin. Dennoch sind Hilfestellungen oder Lösungsmöglichkeiten in Form von ritualisierten Rückmeldungen oder durch die Übertragung von Kleingruppenverantwortung etc. möglich. Das Krisenpotenzial ergibt sich in den genannten schwierigen Situationen vor allem aus gruppendynamischen Veränderungen: etwa der Trennung von Zuhause, der Rückkehr in die Klasse, einer Diskrepanz zwischen motorischen und intellektuellen Bedürfnissen, dem kurzfristigen Zusammentreffen mit mehreren hundert Kindern auf dem Schulhof und der Rückkehr in die Klasse oder der Auflösung der Klasse zum Schulschluss.

Nicht von ungefähr sehen viele Konzeptionen für eine verlässliche Halbtagsschule eine spezielle **Ankommenszeit** vor. Wenn nicht alle gleichzeitig da sind und die gemeinsame Arbeit sogleich beginnt, wenn statt dessen Gelegenheit besteht, Einzelne zu begrüßen, sich zu zweit oder in kleinen Gruppen über Erlebnisse in Familie und Freizeit auszutauschen, Trauriges und Schönes mitzuteilen, dann stehen die Chancen gut, dass auch die belasteten Kinder ihren Kopf für die Aufgaben des Tages freimachen können. Vielfach hat sich in Grundschulklassen, insbesondere in den Klassen 1 und 2 ein *Ankommensritual* entwickelt, das in vielen Variationen anzutreffen ist: Die Kinder treffen nach und nach ein. Die gemeinsame Begrüßung findet erst eine viertel oder halbe Stunde später statt. Diese Begrüßung beschränkt sich nicht nur auf ein gegenseitiges „Guten Morgen", sondern beinhaltet oftmals ein Begrüßungslied, das von den Kindern mit ausgewählt und bald selbstständig gesungen werden kann. Etwa ein Guten-Morgen-Lied in allen Sprachen, die in der Klasse vertreten sind. Im Wechsel ist dann ein Kind an der Reihe, etwas vorzutragen, einen Spruch, ein Gedicht oder einen Lieblingsgegenstand vorzustellen. Auch folgt oft eine kurze Runde – ein so genanntes Blitzlicht zum Thema „Wie es mir heute geht" oder „Was ich mir heute besonders wünsche". Meistens schließt sich daran die Vorstellung des Tagesprogramms an, das Aufgaben und Methoden skizziert und zeitliche Abläufe transparent macht, Erwartungen und Energien weckt. Wann das Schulfrühstück seinen festen Platz und seine bestimmte, ritualisierte Form erhält, in der Anfangsphase oder am Abschluss der ersten Arbeitsphase, vor der ersten großen Pause oder im Anschluss, ist unterschiedlich.

Das Zusammentreffen mit vielen anderen Kindern einer Schule während der großen Pause produziert oft Aggression und Streit mit Folgen, die in die nächste Arbeitsphase hineinragen, manchmal sogar Ängste vor dem Heimweg oder gar der Schule erzeugen. In manchen Klassen greifen die Kinder deshalb in die so genannte *Anti-Streit-Tüte*, bevor sie in die Pause gehen. Die Luft oder der Hosentaschenzettel, den sie dabei ziehen, wappnet sie offenbar ritualisiert auf spielerische Weise, sich friedlich mit den Widrigkeiten von Enge, Masse und Knappheit auseinander zu setzen. Auch gibt es z. B. Patenschaften, wechselnde Verantwortlichkeiten oder Geräteausweise. Besonders wichtig ist hier die Einübung ritualisierter Formen zur Konfliktbewältigung, die die Kinder bei Bedarf und in der Pause selbst nutzen können. In manchen Schulen hat es sich bewährt, jeweils eine Viertelstunde nach der ersten großen Pause zur Rückkehr in die Klasse oder in die Tischgruppe und zur thematischen Einstimmung einzuplanen oder diese Zeit als Frühstückszeit vorzusehen. Auch „Reste" aus dem vorhergehenden Aktivitäten können bei dieser Gelegenheit bearbeitet werden. Die Leitung dieser „Reste-Viertelstunde" sollten baldmöglichst – unterstützt von einem ritualisierten Ablauf – abwechselnd zwei Kinder übernehmen.

Die letzte bedenkenswerte Hürde eines Schultages betrifft die Gestaltung eines gemeinsamen *Tagesabschlusses*. In vielen Tagesstrukturplänen der vollen bzw. verlässlichen Halbtagsgrundschulen wird ein gemeinsamer Abschluss insofern erschwert, als es zum Ende hin klassenübergreifende Wahlangebote bzw. frühere Abholzeiten gibt. Solche schulorganisatorischen Bedingungen verlagern den gemeinsamen Abschluss – wie er etwa im *roten Faden* (S. 38–40) oder im *Erfolgsbuch* (S. 40–42) zelebriert wird, weiter nach vorn, oft vor die zweite große Pause. Denn danach findet sich die Klasse nicht mehr zu gemeinsamen Aktivitäten zusammen. Beide Rituale bedienen auf ganz eigene Art das Atmosphärische: Hier wird das Erinnerungswürdige eines Schultages gemeinsam ausgewählt und dokumentiert, dort konkrete Erfolge von Mitschülern registriert. Damit lernen sie das Zusammensein von seinen positiven Seiten kennen und weniger von seinen bedrohlichen. Ein so zelebrierter Abschied lässt Vorfreude auf den nächsten Schultag aufkommen. Viele Grundschulen praktizieren am Anfang und zum Abschluss des Tages wunderschöne Rituale. Die „Das-Schönste-heute-war-…-Runde", ein gemeinsames Auf-Wiedersehen-Lied, das Warten mit geschlossenen Augen auf die Berührung mit der Feder oder ein Wegflüstern aus Klasse oder Turnhalle sowie die persönliche Verabschiedung sind nur wenige Beispiele aus einem reichen Fundus.

Das Tagesprogramm

Einsatz: Fächer übergreifend; Klassenstufen 1 bis 4, vor allem 1 und 2; Dauer: 2 bis 7 Minuten, je nach Umfang, Begründung und Nachfragen

■ **Ablauf/Beschreibung**:
Zu Beginn eines Schultages wird den Kindern das Tages- programm vorgestellt. Als „Tagestitel" haben sie das neue Datum vor Augen, mit ihrer Hilfe an die Tafel ge- schrieben (z. B. Montag, der 6. April 2001). Darunter er- scheinen chronologisch unter Verwendung von Bildkarten für Methoden und Aktivitäten die Tagesaktivitäten, die ge- meinsam erdacht und abge- sprochen wurden.

Tagesprogramm

Stichwörter ergänzen bei Bedarf und wachsender Kom- petenz die Tagesplanung. Kurze Erläuterung und Begründungen runden die Vorstellung ab. In zunehmendem Maße gestalten die Kinder die Tages- planung selbst bzw. bereiten sie für den nächsten Tag vor. In höheren Klas- sen und in solchen mit mehr Fachunterricht wird das Tages- durch ein ge- naueres Stundenprogramm ergänzt.

■ **Ziel/Funktion/erwartete Wirkung**: Ein Tagesprogramm schafft Trans- parenz. Die Kinder erfahren am Morgen die Planungen für den Tag, einen Überblick über Themen und Fächer, Arbeits- und Pausenzeiten. Ihre Neu- gierde wird damit ebenso befriedigt, wie sich ihre Lernchancen mit unseren Begründungen verbessern. Mit dem Zeitgefühl wächst ihre Planungskompetenz. Der ihnen kaum durchschaubare Stundenplan wird entschlüsselbar. Ritualisierte Tagesplanung wird so zur wichtigen Voraus- setzung für Wochenplan und Projektarbeit. Anlass zum Lesen und Schrei- ben ist das eine; die Nutzung des Tagesprogramms für einen Tagesrück- blick das andere. Wenn wir die Kinder mündlich oder schriftlich bitten, Tagesphasen unter bestimmten Fragestellungen (z. B. nach den Aspekten: am wohlsten, am meisten geschafft, am interessantesten) zu bewerten, er- halten wir auf unkomplizierte Weise eine differenzierte Resonanz von allen Kindern. Bei dieser Gelegenheit können wir tagtäglich Hinweise erhalten, wie unser Lernarrangement den Bedürfnissen und Fähigkeiten der Kinder besser anzupassen ist. Die Kinder lernen durch die Kontinuität die Wo- chentage, Monatsnamen und Jahreszählung kennen. Sie können im Gefolge von ritualisierten Tagesprogrammen ihren Geburtstag richtig in den Jahreslauf einbetten und im Kalender wieder finden, und das ist zweifellos ein wichtiger Schritt zur Selbstständigkeit.

▧ **Ideen zur Initiierung**: In der ersten Klasse ist es ein willkommener Lernanlass für alle Kinder, Laute und Buchstaben der Datumsschreibung zu ermitteln, also an der Verschriftlichung systematisch beteiligt zu werden, was allerdings Zeit kostet. Andernfalls können sie etwa vorgefertigte Wochentag- und Monatsschilder (farbig und in gut lesbarer Druckschrift) nutzen, um das neue Datum des Tagesprogrammtitels schnell zu aktualisieren. Das Tagesprogramm vor den Augen der Kinder an der Tafel zu entwickeln, hat den Vorteil, dass die Kinder die Botschaft mit Nachbarn oder in ihrer Tischgruppe entschlüsseln. Mit unseren einfachen Symbolen, Strichmännchen oder Sprechblasen begünstigen wir zudem die illustrative Ausdrucksfähigkeit und Kreativität der Kinder. Bald werden es ihre Zeichnungen und Symbole sein, die ein Programm zieren. Solange dieser Fundus noch nicht existiert, gibt es einige Hilfestellungen. Die nachfolgenden Vorschläge finden sich häufig auch in Lernmaterialien für selbstständiges Arbeiten, wodurch ein Wiedererkennungseffekt verstärkt wird.

Fach/Methode/Inhalt	Symbol	Fach/Methode/Inhalt	Symbol
Phase/Stunde.	*Ordnungs-zahlen:* **1., 2.**	Sitzkreis.	◯
Schreiben.	✏	Hausaufgaben	⌂
Rechnen/Mathematik.	**1+1=**	Tagesplanarbeiten.	📄
Lesen.	📖	Spielen.	🄰🄱🄲
Wörterbuch(arbeit).	ᴬᴮᴄ	Sachunterricht, z. B. *Igel* als Wochenthema.	🦔
Musik/Singen.	♫	Flüsterstunde.	🍄
Zeichnen/Kunstunterricht.	🖌	Klassenrat.	♟♟♟
Sport/Turnen.	⬤	Pause.	🥛
Frühstück.	🥖	Prüfen.	👓

Für ein Tagesprogramm verwendbare Zeichen und Symbole

▧ **Gefahrenpotenzial und Handlungsmöglichkeiten**: Die Vorstellung des Tagesprogramms kann mitunter so lange dauern, dass Aufmerksamkeit und anfängliches Interesse bei vielen schwinden. Zügiges Tempo und die Arbeit mit Symbolen verkürzen das Verfahren. Gespräche über Details unterbleiben zunächst, sie finden erst im Zusammenhang mit dem entsprechenden Tagesprogrammpunkt statt. Wichtig sind zunächst der Überblick über Struktur und Methodik sowie die Begründungen für ein Thema. Manchmal verlieren die Kinder scheinbar zunehmend das Interesse am Tagesprogramm. Vielleicht haben die detaillierten Stundenprogramme sich als informativer erwiesen als der Tagesüberblick, den die meisten schon bald selbstständig erschließen können. Bei zunehmender negativer Resonanz sollte über die Frage „Brauchen wir die Vorstellung des Tagesprogramms in der bisherigen Form noch?" geklärt und über dessen weitere Verwendung abgestimmt werden.

Wenn mehrere Lehrer in einer Klasse unterrichten, sind die Angaben über deren Stunden nur summarisch zu geben. Die Kinder können sie ergänzen. Das stärkt ihr Mitdenken, was sich auf Integration und Verbindlichkeit des Fachkollegen positiv auswirken wird. Es entwickelt sich daraus für Schüler sowie Klassenkollegen das Bild eines Schultages als Ganzes, was für alle hilfreich ist. Ein schriftlicher Überblick über die Hausaufgaben in anderen Fächern erleichtert die Abstimmung. Sofern die Klassenlehrerin nicht zu Schulbeginn in ihrer Klasse ist und die Kollegin noch nicht mit dem Tagesprogramm begonnen hat, lässt man sich von den Kindern informieren und macht anschließend die weitere Planung transparent.

Das Tagesprogramm raubt viel Platz an der Tafel. Eine Seitentafel oder eine Pappe für eine Wand kann zu seinem alternativen Stammplatz werden. Ansonsten kann das Tagesprogramm, einmal vorgestellt, auch abgewischt werden, denn alle sind über den geplanten Tagesablauf informiert.

▓ **Variation**: Kinder können sich einen Wunschtagesplan entwerfen, der vielleicht ihren Geburtstag krönt. Solche Planungen geben uns wichtige Hinweise zur Verbesserung unserer Angebote und der Methodenwahl.

Der rote Faden

▓ **Einsatz**: Klassenunterricht; Klassenstufen 1 bis 4; Dauer: einige Minuten lang zum Abschluss des Schultages, über alle 4 Grundschuljahre hinweg

▓ **Ziel/Funktion/erwartete Wirkung**: Vom ersten Schultag an sollten die Kinder eines für sie wahrnehmbar erfahren: Zeit vergeht, wir haben sie gefüllt, sie ist nicht zerronnen, wir haben gemeinsam gelernt und Spaß miteinander gehabt. Das, was am Tag als besonders bemerkenswert ausgewählt wird, findet sich auf einen Zettel dokumentiert und bleibt als Erinnerungsstück in der Klasse präsent, schmückt den sich langsam füllenden roten Faden durch die Grundschulzeit.

▨ **Ideen zur Initiierung**: Am Ende eines Vormittages sitzen die Kinder zusammen und überlegen gemeinsam: „Was haben wir heute gemacht, was gelernt? Ist etwas Witziges passiert? Oder etwas Trauriges? Was davon ist festhaltenswert, was dürfen wir nicht vergessen?" Es genügen einfache Sätze: „Wir waren im Wasserlabor. – Bert hat Geburtstag". Die Lehrerin schreibt sie auf einen schmalen Zettel und datiert sie, bevor sie mit einem Tacker an einen roten Faden geklammert werden. Dieser rote Faden, Symbol der vierjährigen Grundschulzeit, wird von der Mitte einer Raumwand bis zur nächsten Raumwandmitte gespannt. Mit wachsender Schreibkompetenz übernehmen Kinder diese Aufgabe, per Hand oder auf dem Computer. Den Schülern ist bekannt, dass für jedes Schuljahr, das wir gemeinsam verbringen, jeweils Platz von einer Wandmitte zur anderen vorhanden ist und wir also langsam miteinander lernen müssen, zu gewichten. Rückblick und Vorausschau, Zeitabläufe betrachten und wie wir sie gefüllt haben, ist häufig Gesprächsanlass und auch Lese- und Schreibübung für die Kinder. Der schwindende Platz auf dem roten Faden signalisiert das kommende Ende der Grundschulzeit. Am Ende der vierten Klasse werden die am roten Faden hängenden, beschriebenen Zettel, die ausgewählten Botschaften und Erinnerungsstücke der Kinder, mehr als tausend an der Zahl, gemeinsam abgenommen und vorgelesen. Diese Rekapitulation des „Was war" löst Erinnerungen an das Besondere, das Eigentümliche aus, wie es sich im Laufe der Zeit in jeder einzigartigen Klasse herausbildet. Die Botschaften des roten Fadens legen Zeugnis vom gemeinsamen Lernen und Leben einer Klasse ab. Jede Klasse hat ihre eigene Geschichte. Diese findet sich in den Zetteln wieder. Jedes Kind erhält als Abschiedsgeschenk die Botschaften des Roten Fadens in Buchform. Das Abnehmen, Vorlesen, Einsammeln, Dokumentieren und jedem Beteiligten zur Verfügung Stellen – die Auflösung des roten Fadens symbolisiert zugleich das Ende. Was mit dem Festbinden begonnen und mit dem Auflösen beendet wurde, das ist unsere Grundschulzeit: Wir machen mit diesem Akt Platz für das Neue, das kommen wird. Wir machen auch Platz für die Neuen, die kommen.

▨ **Gefahrenpotenzial und Handlungsmöglichkeiten**: Manche Kinder finden kaum Erwähnung. Dann sollten die bislang Vernachlässigten unterstützt werden, sei es, dass von allen anderen etwas Positives über sie geschrieben wird oder dass man sich gemeinsam mit ihnen etwas überlegt.

Die Formulierung von Botschaften kann verletzen. Das Geschriebene konstruktiv zum Anlass genommen ermöglicht, gemeinsam über die Wirkung von Sprache nachzudenken und Ideen zu entwickeln, wie Botschaften aufbauend formuliert werden können.

Tagtäglich praktiziert, kann dieses Ritual auch eine gewisse Monotonie erzeugen. Diese Gefahr lässt sich am besten mit Dynamik und Schnelligkeit umgehen. Wenn die Kinder etwa eine halbe Stunde vor Schulschluss daran erinnert werden, sich einen Vorschlag zu überlegen, wird die Vorstellungsrunde nicht mehr viel Zeit in Anspruch nehmen und die Auswahl zügig vonstatten gehen. Es ist als Alternative auch einmal eine schriftliche Form denkbar. Die Kinder würden dabei Vorschläge auf kleine Zettel schreiben und aushängen. Die Auswahl kann dann durch Vorgespräche und Abstimmung verkürzt werden.

Leider kann man die Zettel des roten Fadens nicht gut lesen – sie hängen so weit oben. Hier besteht die Möglichkeit, zwischendurch – am Ende einer Woche, eines Monats, eines Halbjahres oder eines Schuljahres eine Rote-Faden-Lesestunde einzurichten, um Fortschritte, Veränderungen festzuhalten und sie allen bewusst zu machen.

▨ **Variationen**: Es kann ab der zweiten Klasse auch möglich sein, dass jedes Kind einmal drankommt, um eine Nachricht über sich selbst an den roten Faden zu hängen. Dann muss die Reihenfolge vorher festgelegt werden. Zum Ausklang der Woche können diese Botschaften verlesen werden.

Oder: es sind ausschließlich witzige, lustige, traurige oder ärgerliche Botschaften gefragt.

Unser Erfolgsbuch

▨ **Einsatz**: Vorwiegend im Klassenunterricht; Klassenstufen: ab Klasse 2 bis Klasse 4; Dauer: individuell variabel; zum gemeinsamen Abschluss ca. 15 Minuten für Lesung und Gespräch

▨ **Ablauf/Beschreibung**: Ein schönes großes Buch mit hartem Einband wird offiziell mit den Unterschriften aller begonnen und mit dem Titel „Unser Erfolgsbuch" versehen. Alle sind aufgerufen, konkrete Erfolge ihrer Mitschüler darin aufzuschreiben. Wenn Fritz etwa bemerkt, dass es Stefan schafft, sich zu melden und abzuwarten, bis er aufgerufen wird, holt er sich das Erfolgsbuch und trägt ein: „Stefan hat sich gemeldet und abgewartet." Andere Kinder registrieren andere kleine Erfolge und zeigen per Hand an, dass sie etwas aufzuschreiben haben. So wandert das Erfolgsbuch mehrmals am Tag von Kind zu Kind – auch im laufenden Unterricht –, damit die Erfolge nicht in Vergessenheit geraten. Erst zum gemeinsamen Ausklang wird die Erfolgsbilanz des Tages verlesen.

■ **Ziel/Funktion/erwartete Wirkung**: Das Erfolgsbuch unterstützt den Aufbau einer konstruktiven Lernatmosphäre, weil sich die Blicke aller auf konkrete Erfolge richten und diese zugleich dokumentieren. Die öffentliche Lesung würdigt unkommentiert, ermutigt und gibt unpenetrant Anregungen. Das Erfolgsbüchlein rückt das Gelungene und nicht das Unzureichende in den Mittelpunkt. Je konkreter und individualisierter diese Art des Feedbacks wird, umso intensiver trainieren die Kinder die Fremdwahrnehmung. Selbst kleinste Erfolge können damit langfristig zu wohltuenden, dauerhaften Veränderungen führen. Die Kinder emanzipieren sich durch die Ritualisierung dieses Verfahrens weitgehend von der Beurteilung durch Erwachsene. Ihre Energie, ihr Wille zum Festhalten und Aufschreiben sind gefragt und wichtig. Da viele Augen mehr sehen als zwei, werden von den Kindern im Laufe der Zeit immer mehr Positiva vermerkt. Das Erfolgsbuch gewährt der Klasse einen enthierarchisierten Raum, in dem sie Verantwortung übernehmen und selbst entscheiden, ob sie etwas öffentlich machen möchten oder nicht.

■ **Ideen zur Initiierung**: Eine kleine *Fantasiereise* in das Land unserer bisherigen Erfolge oder ein Blatt, das jedes Kind aufruft, für sich konkrete Lernaufgaben zu formulieren, bereitet die Kinder mental auf die neuen Aufgaben vor. Das Erfolgsbuch selbst wird feierlich in Besitz genommen, von allen zum Zeichen der Ernsthaftigkeit unterschrieben und wandert sodann an einen für alle leicht zugänglichen festen Platz. Es wird tagtäglich mit dem neuen Datum versehen und auch die Seitenzählung wird nach und nach das Buch ergänzen. Am Ende des gemeinsamen Schultages hat das Buch das Wort: Im Vorlesesessel im Abschlusskreis tragen die Verfasser oder ein Kind die Tagesbilanz geübt vor. Kommentare sind unerwünscht, wohl aber Nachfragen möglich. Über die Rolle der Lehrerin befinden die Kinder. Sie initiiert und legt den Grundstein, schafft und garantiert die Rahmenbedingungen. Ob sie sich auch im Buch äußern sollte, ist fraglich, denn dann gewinnt dieses Forum einen anderen Charakter, ließe das traditionell hierarchische Verhältnis fortbestehen und entwertete Äußerungen der Kinder ungewollt. Am Anfang mag das Beispiel der Lehrerin noch anregend sein. Wenn das Erfolgsbuch voll ist, kann es Teil der Klassenbibliothek oder vielleicht sogar abgetippt werden.

■ **Gefahrenpotenzial und Handlungsmöglichkeiten**: Manchen Kindern fällt das Schreiben noch schwer. In der zweiten Klasse können Lehrerin oder versiertere Schülerinnen als Sekretärin oder Vorleserin zur Seite stehen. Bei langsamen Schreibern mag es zu einem Stau von Meldungen kommen, dem durch eine Warteliste die Brisanz genommen würde. Es ist ferner denkbar, dass langsamere Kinder ihre Beobachtungen auf kleine Zettel schreiben, die ins Erfolgsbuch geklebt und gleichermaßen verlesen werden. Manche Kinder finden kaum oder nie Erwähnung, andere stehen oft im Zentrum. Wenn man als Lehrerin mitschreiben darf, könnte man selbst für Kompensation sorgen. Aber wichtiger wäre es für diese Kinder, dass ihre Mitschüler etwas an ihnen entdeckten, was im Buch verewigt werden sollte. Vielleicht könnten alle Kinder sich in einer Kurzrunde selbst zu ihren positiven Veränderungen unter dem Titel äußern: „Heute ist mir ... gelungen. – Heute habe ich ... geschafft". Dadurch erfahren alle, woran die Mitschüler gerade arbeiten, und können dies angemessener in ihren schriftlichen Einträgen würdigen.

Das Vorlesen am Schulschluss fällt häufig schwer. Es ist wichtig, dass die Vorlesekinder ihre Beiträge mehrmals geübt haben, damit sie in der Situation nicht etwa stockend und leise vortragen. Sie könnten sich auch einen Helfer nehmen oder im äußersten Falle auf die Lehrerin zurückgreifen. Es können auch nur laute Vorleser diese Aufgabe abwechselnd übernehmen.

▨ **Variationen**: Jedes Kind könnte bei positiven Beobachtungen einen kleinen Brief schreiben und die verschiedenen Briefe am Ende des Schultages feierlich überreichen.

Für Schreib- und Leseanfänger ist ein sprechendes Buch, das durch das Lesen der Eintragungen auf eine Kassette entsteht, eine motivierende, attraktive Abwechslung.

Ein Kind pro Tag könnte für die Verwaltung und die Gestaltung der Verlesung verantwortlich gemacht werden.

Rituale in der Woche

Die Schulwoche, die in den Bundesländern teils aus fünf, teils aus sechs Schultagen besteht, besitzt eine eigene Dynamik. Ein Jahr zählt 40 Schulwochen, 160 Wochen umfasst die gesamte Grundschulzeit. Mögliche Besonderheiten der unmittelbar an Ferien grenzenden Schulwochen sind bei den *Ritualen für das Schuljahr* zu finden (s. S. 64–66, 70–72) Hier geht es um die normale Schulwoche.

Eine ritualisierte Gestaltung des Wochenbeginns am Montag empfiehlt sich aus mehreren Gründen: Die Schüler kommen aus einem Wochenende, das jeder anders verbracht und erlebt hat, und kehren in einen durchstrukturierten schulischen Raum zurück, den sie mit ihresgleichen teilen, konfrontiert mit vertrauten Erscheinungen und Anforderungen. Wie die Schüler bei uns ankommen, welche Wochenenderlebnisse – seien sie positiver oder negativer Natur – in ihrem Verhalten nachwirken, das ist nicht vorhersehbar. Es ist sozusagen der variable Faktor, der typischerweise die Gruppendynamik des Montagmorgens beeinflusst. Im welchem Maße sich welches Kind am Wochenende erholt oder anregt oder inwieweit es im Gegenteil abstumpft und gestresst ist, schwankt. Dies hängt auch von weiteren Variablen wie dem Wetter, dem Fernsehprogramm und der persönlichen inneren Stabilität ab. Auf jeden Fall sind wir aus Erfahrung darauf gefasst, dass es am Montag in der Klasse hoch hergehen kann und Unverarbeitetes und Unverdaubares die Atmosphäre vergiften.

Zu Wochenbeginn liegt eine ganze Arbeitswoche vor den Kindern. Die Ausgeruhten und Ehrgeizigen machen sich voller Elan über die Aufgaben her. Andere fühlen sich durch die Menge und Schwierigkeiten eher beeinträchtigt. Wenn es zudem noch wöchentliche Kontrollen zur Rechtschreibung oder den Rechenfertigkeiten gibt, ist dies für die einen ein Impuls, für die anderen eine Last. So wie Erfolg Laune macht, stiftet Misserfolg Unzufriedenheit. Vielleicht hat ein Kind schon in den vorangegangenen Wochen die Pflichtaufgaben des Wochenplans nicht erledigt, wie soll es sich auf die neuen freuen können? Auch wenn individuelle Absprachen das Pensum reduzieren, mag es Kinder geben, die sich in der Klasse nicht wohl fühlen, sich diskriminiert und angegriffen, ja lächerlich gemacht fühlen und darunter leiden, aber nichts dagegen tun können. Manche haben vielleicht auch Angst vor uns Lehrerinnen. Dass auch einfach das Zusammensein mit den vielen anderen, die Lautstärke und Disziplinlosigkeit eine mögliche Vorfreude dämmen können, ist bekannt. Ängste vor Repressalien auf dem Schulweg oder in der Pause sind stark verbreitet und belasten stärker, als wir denken. Montagsstörungen sind also vorhersehbar. Drohungen oder gutes Zureden bewirken wenig. Den Mitschülern ist eine Bearbeitung des Störpotenzials nicht zuzumuten. Sie wären mit der Suche nach geeigneten Lösungen überfordert. Einfach zur Tagesordnung überzugehen, vielleicht in der Hoffnung, den drohenden Konflikt durch Ignorieren zu entschärfen, wirkt manchmal, ist aber kein Garant für eine angenehme Atmosphäre.

Es ist überaus sinnvoll, die Handlungshoheit zu behaupten und von vornherein in Alternativen zu denken: Die Kinder brauchen zu Wochenbeginn die Sicherheit, dass sie gefordert und gefragt sind, Erfolge und Freiräume zum Sprechen und Arbeiten haben. Ein ritualisierter Wochenbeginn beruhigt. Ein bekannter Ablauf, vertraute Inhalte und Arbeitstechniken, wie sie beispielsweise Gegenstand eines Wochenplans sind, stiften Sicherheit und geben Freiräume, wieder in der Klasse, der Gemeinschaft anzukommen und sich den Herausforderungen des Schulalltags zu stellen. Das vielfach praktizierte *Ritual des Montagskreises* erfüllt dies nur begrenzt, setzt es doch ein hohes Maß an gegenseitiger Rücksichtnahme sowie eine exzellente Klassenatmosphäre voraus. Der Montagskreis wird diese umgekehrt nicht unbedingt erschaffen, sondern sie eher belasten.

Wenn wir die Schülerinnen und Schüler als Persönlichkeiten in ihren Besonderheiten und Bedürfnissen ernst nehmen, muss der Wochenanfang ihnen die Möglichkeit gewähren, in einem festen zeitlichen und organisatorischen Rahmen anzukommen und sich einzubringen. Das braucht keineswegs frontal und mündlich zu geschehen, es kann im Gespräch mit der Nachbarschaft, der Tischgruppe oder auch schriftlich ablaufen. Allein: Es soll die Chance bestehen, Nöte und Probleme zu artikulieren und um Hilfe und Unterstützung zu bitten. Das *Ritual einer Klassenzeitung* (s. S. 46–55) ist vielleicht durch *Montagshefte* vorzubereiten oder zu ersetzen, wo jeder seine Gedanken zum Wochenende für die vor einem liegende Schulwoche einträgt, Bilder malt oder Ähnliches. Dieses Heft ist eine Art Tagebuch, bleibt geheim, wird nicht zensiert (vgl. das *5-Minuten-Schreiben-Ritual*, S. 107–110). Wenn das Bedürfnis besteht, sich anderen mitzuteilen, könnte dafür eine *Montagswand* entstehen, die speziell für Montagsbotschaften zur Verfügung steht und sich Woche für Woche verändert. Jeder neugierige, interessierte Mitschüler kann im Laufe der Woche zur Montagswand gehen, die ausgehängten Meldungen studieren und neue hinzuhängen. Ob diese Wand dokumentiert, abgeschrieben oder fotografiert und zu einer Seite im Montagsbuch der Klasse wird, entscheidet die Gruppe.

Die *Wochenpläne* weisen Pflichtpensum und Zusatzaufgaben aus und legen neue Dienste und Klassenpflichten fest, die von der Lehrerin oder den Kindern in den ersten Stunden vorgestellt werden. Sie stiften sofort Klarheit über Quantität, Qualität, Verbindlichkeit, Unterstützungs- und Kontrollsystem und ermöglichen den meisten einen sofortigen Arbeitsbeginn. Während Schulanfänger mit ihrem nur rudimentär entwickelten Zeitgefühl eher mit Tagesplänen sinnvolle Freiräume erhalten, entlasten von Klasse 2 an ritualisierte Verfahren die Arbeiten mit Wochenplänen. Wiedererkennung stiftet für Kinder wie Lehrer Handlungssicherheit und konzentriert die Aufmerksamkeit auf das Neue, Unbekannte. Wenn die Schülerinnen und Schüler auf diese Weise wieder angekommen sind, sich an das regulierte Zusammensein gewöhnt und die Aufgaben angenommen haben, entsteht bei vielen eine Dynamik aus der Sache, die in Produktivität und Leistungswillen mündet. Allerdings kann sich schon nach wenigen Tagen, vielleicht am Mittwoch oder Donnerstag, eine Veränderung andeuten, die mit der Enge, dem kontinuierlichen Zusammensein mit allen oder der Lautstärke zusammenhängen mag. Das Neue hat seinen Reiz verloren. Die Monotonie wird verstärkt wahrgenommen. Penible Pflichtaufgaben harren der Erledigung, wo doch die subjektive Kraft im Abflauen begriffen ist. Das Wochenende, die Erholung von der Klasse und den Mitschülern drängen sich mehr und mehr in den Vordergrund. Will man diesen Stimmungswandel verhindern, kann es hilfreich sein, am Mittwoch oder Donnerstag etwas Besonderes zu unternehmen: den wöchentlichen Ausflug im Kontext mit dem Wochenthema, einen Zwischenstands- und Spieletag oder einen Korrekturtag zur Verbesserung und Prüfung eigener und fremder Arbeiten. Knappe tägliche Zwischenbilanzen stärken die Verbindlichkeit, organisieren Helfersysteme und würdigen das bereits Vollbrachte.

Das **Ende der Schulwoche** sollte ebenfalls einen ritualisierten Rahmen erhalten, nicht einfach nur stattfinden. Bilanz zu ziehen und Ergebnisse zu würdigen ist die ernste Komponente. Beispiele für gelungene Kooperation und Teamarbeit sowie verantwortungsvoll verrichtete Dienste für die Klasse das zu prämierende Andere. Schließlich darf die witzige Komponente des Zusammenseins nicht fehlen: Dann sind die wöchentlichen Pannen und Köstlichkeiten des Klassenlebens gefragt. Darüber hinaus kann zum Abschluss auf das Wochenende geblickt werden, Tipps für Wochenendaktivitäten können ausgetauscht und Verabredungen getroffen werden. Neben den im Folgenden vorgestellten zwei Wochenritualen (*Klassenzeitung* und *Klassenrat*) werden viele andere praktiziert. Summarisch werden an dieser Stelle nur unbekanntere vorgestellt:

Zu Beginn der Woche kann ein neues *Wochenlied* der gemeinsame Start sein; ein Lied, das möglichst zum Wochenthema passt und zu Tagesbeginn und -schluss gesungen wird. So erwirbt die Klasse binnen Kürze ein großes Liederrepertoire, das ihr „gehört" und Teil ihrer Identität ist und jeden Ausflug und jede Feier bereichert. Es ist ein wichtiger Fundus für die Entstehung einer spezifischen Klassenkultur.

Die *Frage der Woche* (z. B. „Haben es Mädchen leichter oder Jungen?"), zu der es oft keine eindeutig richtige Antwort gibt, wo vielmehr Fantasie und Kreativität gefragt sind, kann zu einem wichtigen Ausdruck von Klassenkultur werden. Am Montag ausgehängt, können sich alle Schüler allein oder in Teams an der Lösungsfindung beteiligen oder ihre Vorschläge entwickeln. Ob ein wöchentlich wechselndes Komitee oder ob die Klasse insgesamt die gelungensten Beiträge auswählt, wird gemeinsam entschieden. Auflösung und Prämierung sind wichtiger Teil des Wochenabschlusses.

Mein Wochentipp: Die Möglichkeiten, sich literarisch gegenseitig anzuregen oder kulturelle Tipps zu geben, sind gerade im Wochenturnus sehr hoch und für die Wochenendgestaltung hilfreich. Neben einem wöchentlichen Buch-, Film- oder Ausflugstipp, für die sich jeweils im Wechsel ein Kind verantwortlich erklärt, kann es auch den *Spruch* oder das *Gedicht der Woche* geben, die montags vorgestellt werden, Tag für Tag wieder auftauchen und sich im Wochenplan wieder finden können.

Die *Geschichte der Woche* kann den Wochenabschluss bereichern und der Geschichten- und Gedichtproduktion der Kinder einen würdigen Rahmen verleihen, sie durch ritualisierte Präsentation mit Anregungen zur Weiterarbeit stimulieren und auch andere Kinder dadurch stimulieren.

Ein ganzes Schuljahr lang haben wir uns in der Grundschulklasse Woche für Woche mit einem anderen *Märchen der Woche* beschäftigt, es vorgelesen oder gespielt, dazu gezeichnet und gebastelt. Die Klasse gewinnt einen gemeinsamen Erfahrungsschatz, kann auf gemeinsame, unter die Haut gehende Erlebnisse zurückgreifen, sich auf sie beziehen, und alle wissen Bescheid.

Einmal in der Woche kann *ein Kind der Woche* zu einem Thema seiner Wahl und seines Interesses einen Vortrag halten und eine Stunde mit der Klasse selbst gestalten. Die Themen stehen in keinerlei Zusammenhang miteinander. Die Reihenfolge hängt in der Klasse aus. Eine besondere Stunde, am besten mittwochs oder donnerstags, sollte ihnen vorbehalten sein. Feste Strukturen von Vortrag und Feedback sind zum Schutz der Vortragenden zu ritualisieren. Da alle diese herausragende Position einnehmen werden, wächst mit zunehmender Erfahrung auch der Respekt der Kinder vor ihren Mitschülern.

Eine Klassenzeitung als Wochenblatt

▧ **Einsatz**: Vor allem Deutsch, aber auch andere Fächer (Sachunterricht, Kunst, Mathematik); Klassenstufen: Klasse 1 bis 4; je nach Niveau und Schreib- und Leselehrgang vor allem ab Klasse 2; Dauer: *montags* zwischen 1 und 3 Stunden; wer fertig ist, beginnt mit dem Wochenplan; *dienstags* 2 Stunden für den Wochenspiegel; *freitags* – Teil des Wochenausklangs: Preisverleihung sowie Rück- und Ausblick auf das nachfolgend vorgestellte Ritual

▧ **Ablauf/Beschreibung**: Von Schuljahresbeginn an beginnt jeder Montag damit, dass alle Kinder und die Lehrerin Nachrichten für die Klassenzeitung schreiben, diese im Korrekturbüro kontrollieren lassen, bevor sie sie schreiben lassen bzw. selbst abtippen. Illustrationen sind erwünscht. Jeder kann sich am Layout beteiligen, Rätsel verfassen und so der Zeitung ein eigenes Profil geben. Alle erhalten am selben Tag eine kopierte Ausgabe und haben die Aufgabe, ihre Nachricht zu finden, sie abzuschreiben und lesen zu üben. Denn am Dienstag wird der Wochenspiegel „angestellt": Jeder Nachrichtenschreiber verliest seine Nachricht hinter einem selbst gebauten Fernseher und darf drei Fragen beantworten. Für die Auflösung des Preisrätsels der Woche ist bis Freitag Zeit. Eine Glücksfee zieht dann aus den eingegangenen Schülerantworten die Siegerin oder den Sieger der Woche.

■ **Ziel/Funktion/erwartete Wirkung**: Durch das Ritual der Klassenzeitung stehen die Kinder, ihre Anstrengungen und Ergebnisse in vielen Stunden der Woche automatisch im Mittelpunkt. Sie sind die Experten und informieren die Gruppe über für sie wichtige Ereignisse. Indem die persönlichen Schreibanstrengungen mit jenen der anderen Gruppenmitglieder veröffentlicht werden, erfahren alle Woche für Woche, wofür Schreiben wichtig ist, welche Produkte durch gemeinsame Leistung entstehen, wie die Wahrnehmung von Wirklichkeit beeinflusst und wie sie von anderen verstanden wird. Damit wird Schreiben für alle kontinuierlich in seiner kommunikativen Dimension erfahrbar. Der Adressatenbezug des Schreibens zeigt sich den Kinderredakteuren im Laufe der Zeit immer deutlicher. Schließlich erhalten sie auf ihre Nachrichten eine unmittelbare Resonanz, von den Klassenkameraden sowie den Familienangehörigen.

Jedes Kind hat die Qual der Wahl, entscheidet darüber, was es den anderen mitteilen möchte, was es für wichtig genug erachtet, den mühsamen Prozess – vom Aufschreiben übers Korrigieren, Abschreiben, Vorlesen bis zum Fragenbeantworten – zu durchlaufen. Dadurch wächst die Kompetenz, interessantere Mitteilungen zu verfassen. Jedes Kind findet seinen Namen mit einer Nachricht veröffentlicht, irgendwann steht jedes als Nachrichtensprecher im Zentrum der Aufmerksamkeit. Es erlebt sich dadurch als ein Teil des Ganzen, in der Zeitung wie im Wochenspiegel, der Nachrichtensendung sowie auch der Klasse. Je prägnanter die Meldungen der Kinder werden, desto mehr wächst mit der Kenntnis auch das gegenseitige Interesse. Welche Klasse nennt schon eine regelmäßig erscheinende Klassenzeitung ihr eigen? Die Besonderheiten dieser Klasse könnten keinen besseren Rahmen finden. Die wöchentlichen Ausgaben der Klassenzeitung dokumentieren ein Schuljahr intensiver und faszinierender als jedes andere Zeugnis. Sie legen detailliert Zeugnis ab, von Themen, die behandelt wurden, aber auch von von persönlichen Erlebnissen. Vor allem dokumentieren sie Fortschritte, die sich in der Länge der Nachrichten, dem Umfang und der Ausgestaltung der Zeitung niederschlagen. Als Alternative zum Montagskreis bietet dieser Wochenbeginn den Vorteil, dass die Kinder sich für eine Sache entscheiden und diese erst einmal aufschreiben müssen. Dadurch reduziert sich das Volumen. Alle werden berücksichtigt. Die mündliche Rezeption der Zeitung wird durch das Ritual gestützt (nur drei Nachfragen pro Nachricht) und aushaltbar, wenngleich dies eine Schwierigkeit bleibt, weil hier viel Konzentration vonnöten ist. Denn trotz aller Neuigkeiten ist das lange Zuhören sehr anstrengend.

In der Zeitung müssen die Nachrichten richtig stehen. Dies erfordert, dass alle zu Prüfern ausgebildet werden und ein Korrekturbüro selbstverständlich wird. Die Pflicht zum Abschreiben ihrer Nachricht dient dem Training. Das Lesen wird dadurch stimuliert, dass erst einmal die eigene Nachricht aus den vielen anderen zu finden ist. Das laute, sinngestaltende Lesen ist für den Wochenspiegel unerlässlich, weil die Zuhörer sonst nichts verstehen und auch keine Fragen stellen können. Die Kinder entwickeln Texten gegenüber eine Fragehaltung. Kontinuierlich und intensiv erfahren die Autoren in ihrer Doppelrolle als Leser und Verfasser, was sie verbessern können, was die Leserschaft interessiert. In einem sicheren Terrain üben sie Präsentation und Gesprächsleitung. Das Echo der anderen zeugt von Interesse, bietet Anregungen und Kritik. Ungereimtheiten oder Unverständliches sind Thema, originelle Einfälle werden belohnt. Immer wieder stellt man fest, wie wirksam Impulse von Kinderseite sein können.

In der Klassenzeitung findet die Lehrerin oder der Lehrer genug Platz, Informationen zur Woche, über Themen, Ausflüge sowie Nachrichten für die Eltern unterzubringen. Auch die Eltern können sich dieses Organs bedienen, Leserbriefe sind erwünscht. Für die Kooperation mit den Eltern ist eine solche Klassenzeitung von unschätzbarer Bedeutung. Sie erfahren regelmäßig und in kurzen Abständen viel über das Klassenleben in seiner Eigentümlichkeit. Dadurch werden ihre Informationsbedürfnisse kontinuierlich gedeckt, wie auch ihre Beiträge gern publiziert werden. Die Texte der Kinder sind eine Fundgrube für Trainingsprogramme, insbesondere was die Rechtschreibung anbelangt. Alternative Diktate, eigene Übungskarteien, Klassenwörterbücher oder Rechtschreibtraining mit der Zeitung selbst – dies sind nur einige Ideen, diesen Schatz der Kinder zu heben.

Ideen zur Initiierung: Schon in der ersten Schulwoche des neuen Schuljahres werden die Kinder mit den Grundideen und Ritualen vertraut gemacht, sie erfahren, welchen Sinn der Ablauf hat und welches ihre Handlungs- und Gestaltungsmöglichkeiten sind. Sogleich werden sie eine kurze, namentlich gekennzeichnete Nachricht über sich oder ein Ereignis schreiben.

Mit Bleistift oder feinen Filzstiften fertigen sie vielleicht eine kleine Zeichnung als Illustration an oder beginnen damit, wenn ihnen nicht sofort etwas einfällt. Wenn sie damit fertig sind und alles auch noch einmal gelesen haben, laufen sie das „Prüfbüro" (oder „Korrekturbüro") an, um ihre Nachricht prüfen und abzeichnen zu lassen. Dieses Büro wird zunächst von

	Nachricht für unsere Klassenzeitung Nr.
Name	
*	
*	
*	
deine Bilder zu deiner Nachricht:	

Vorschlag für ein Nachrichtenformular

schon versierteren Schülern als Prüfern besetzt. Aber in der Folgezeit kommen alle einmal dran. Die Prüfer sitzen etwas abgeschirmt, formulieren zunächst ihre eigene Nachricht und widmen sich dann den Produkten der Klassenkameraden. Dabei geht es zunächst ums reine Entziffern und Wörterentschlüsseln. Im Laufe des Jahres wachsen die Aufgaben mit Umfang der Nachrichtenproduktion. Die Prüfer müssen eine Nachricht abzeichnen, bevor sie die Sekretärin, zunächst also uns, erreicht und per Computer in eine Zeitungsnachricht „verwandelt" wird. Je nach Ausstattung der Klasse mit Computern, nach vorhandener Zeit und Stand des Schreibens und Lesens können die Kinder in den Prozess eingebunden werden. Alle können sich von Anfang an am Layout beteiligen: Sei es, dass sie Zeitungsrahmen gestalten und illustrieren, Texte in die Spalten kleben, Rätsel oder Witze aus Büchern oder Fotos aus Zeitschriften heraussuchen. Schnelligkeit ist ein Gebot dieses Genres. Deshalb muss die Zeitung so schnell wie möglich in die Hände der Produzenten, am besten am Tag selbst, spätestens am nächsten Tag. Die Kinder sammeln die Zeitungsausgaben in einem besonders gestalteten Ordner. Dieser wird mit dem gemeinsam gefundenen Zeitungsnamen versehen. Am Schuljahresende wird er geordnet und gebunden. Schließlich ist dies der erste Jahrgang der Klassenzeitung. Als Hausaufgabe haben sie nun allwöchentlich, ihre Nachricht aufzuspüren, gelb zu markieren und richtig abzuschreiben, um so die richtige Schreibung der häufig verwandten Wörter zu trainieren und um laut vorlesen zu üben, damit die anderen sie gut verstehen. In den Stunden des Wochenspiegels lösen sich die Nachrichtensprecher der Reihe nach ab. Eine kleine Erhöhung macht sie besser sichtbar und lässt sie deutlicher sprechen. Ein Bildschirm belebt dieses Ritual. Vielleicht kann auch ein Kleidungsstück (Sakko o.Ä.) den Rollenwechsel akzentuieren. Mit diesen Nachrichtensprechern kann man reden, zumindest drei Nachfragen lang. Maximal drei, weil schon dies die Konzentrationsfähigkeit der Beteiligten stark fordert. Vielleicht gibt es im Wochenplan Aufgaben, wo auf die Zeitung Bezug genommen wurde (s. Alternativen), ansonsten verbleibt der Freitag, an dem zumindest der Gewinner des

Nachrichtensprecher

Preisrätsels oder derjenige, der die meisten Wörter mit ie, mit den Zwillingen (die Doppelkonsonanten) oder mit dem „fiesen h" (Dehnungs-h) aufgeschrieben hat, ermittelt wird. Letzterer erhält einen Wanderorden, den er signieren und eine Woche lang tragen darf. Vielleicht entwickelt sich dies auch als Ort der Zeitungskritik und des Ausblicks auf die neue Ausgabe.

■ **Gefahrenpotenzial und Handlungsmöglichkeiten:** Fällt ein Kind krankheitsbedingt aus, verfasse ich als Lehrerin eine Nachricht über dieses Kind und wünsche ihm – wenn wir nichts Genaueres wissen – nur gute Besserung. Wichtig ist vor allem, dass in jeder Ausgabe alle Kinder vertreten sind, um am Ritual partizipieren zu können, ihren Auftritt zu haben und auch die übrigen Teile wahrnehmen zu können. Der sozial-integrative Effekt stellt sich erst mit der kontinuierlichen Berücksichtigung aller ein.

    Wenn die Nachrichten kurz und monoton sind, bietet es sich an, eine Bilanz am Freitag einzurichten und diese unter ein Motto zu stellen: „Wie kann unsere Zeitung interessanter werden?" Als Basis könnten Kassettenaufzeichnungen von Rückfragen aus dem Wochenspiegel dienen, weil hier das Leserinteresse deutlich wird und unmittelbare Anregungen zur Einschätzung bzw. zur Präzisierung einer Information gegeben werden. Auch Rückfragen bei den Eltern wären hilfreich. Darüber hinaus können Ideen gesammelt werden, etwa wie Bewertungen variabler formuliert werden können, um vom stereotypen, aussagelosen „Es war toll" wegzukommen. Dass die Kinder nicht wissen, was sie schreiben sollen, ist ein Phänomen, das insbesondere in der Anfangsphase auftritt. Es wird in der Folge an Bedeutung verlieren. Manchmal ist es hilfreich und Fantasie anregend, erst einmal eine Illustration oder einen Seitenrahmen herzustellen, um eine Idee zu bekommen. Die Lektüre der letzten Ausgabe(n) kann Wunder wirken. Es kann auch anregend sein, wenn die anderen, die schon losgelegt haben, ein Stichwort zu ihrer Nachricht zum Besten geben. Man kann Bücher auswerten, auf der Suche nach Witzen oder Rätseln. Es kann schließlich eine Ideenkartei entstehen, in der vielleicht Fotos aus der Klasse, etwa von Erlebnissen der Kinder, zu finden sind, die sie als Schreibanlass und Anregung nutzen können. Wenn das alles noch nichts fruchtet, kann man als Lehrerin mit den betreffenden Kindern auf die Suche gehen – fündig wird man auf jeden Fall.

Das Korrekturbüro ist bisweilen überfordert und überlastet. Bei den ersten Ausgaben der Klassenzeitung wird es eingerichtet und bei anderer Gelegenheit mit allen gemeinsam ein erster Schnupperkurs in Sachen Prüfung von Schreibarbeiten durchgeführt. Aber gut Ding will Weile haben. Es dauert, bis die Kinder es lernen, Fehler zu registrieren und zu bearbeiten, insbesondere in der zweiten Klasse. Wenn ich dennoch auch anfangs nicht darauf verzichtet habe, so deshalb, um die Kinder von Beginn an auf die Bedeutung der Überarbeitung von Texten für die Veröffentlichung hinzuweisen. Dass Textproduktion stets auch Textüberarbeitung beinhaltet und dafür keineswegs der Lehrer oder die Lehrerin zuständig ist, sondern die Verfasser selbst, dieses Bewusstsein entsteht umso eher, je strenger dieses Ritual eingehalten wird, auch wenn anfänglich das Gros der Fehlerbereinigung bei der Lehrerin verbleibt. Die Tätigkeit als solche ist so begehrt, dass alle – selbst Kinder mit immensen Rechtschreibproblemen – sich gern auf die Fehlersuche in fremden Texten machen. Vielfach produzieren die Kinder ihre Nachrichten für die nächste Ausgabe schon zu Hause. Dann stehen sie sofort als Prüfer und Berater zur Verfügung. Andernfalls muss vielleicht die Lehrerin die ersten anlaufenden Prüfarbeiten übernehmen, bis die ersten Prüfer mit ihren eigenen Nachrichten fertig sind.

Zweifellos ist es anstrengend und erheischt viel Konzentration, sich die verschiedenen Nachrichten anzuhören. Nicht selten stören Kinder den Wochenspiegel. Manchmal sind die Meldungen nicht so interessant oder zu leise vorgelesen, oder die Kinder kennen sie aufgrund häuslicher Lektüre schon. Den Ursachen gilt es auf die Spur zu kommen, um für Abhilfe zu sorgen. Tempo zu machen, dafür ist die Lehrerin zuständig. Das *Drei-Fragen-Ritual* beachten alle recht bald. Eine gemeinsame Unterbrechung – eventuell ein Kurzlauf auf dem Schulhof – kann Wunder wirken und die Aufnahmekapazitäten wieder vergrößern. Hilft alles nichts, muss der Wochenspiegel eben an verschiedenen Zeiten des Tages oder auch an verschiedenen Tagen „angestellt" werden. Tritt dieses Problem häufiger auf, wäre es ratsam, in der freitäglichen Redaktionsbilanz gemeinsam mit den Kindern Alternativen zu entwickeln. Das Interesse aller an einer gerechten Lösung ist deshalb so groß, weil immer alle betroffen sind.

Das Ritual des Wochenspiegels kann dadurch variiert und entlastet werden, dass täglich ein wenig vorgelesen wird. Der Vorteil besteht darin, dass die Konzentration der Kinder nicht überfordert wird und der Zwang zum Ruhigsein und zum Durchhalten nicht die schönen Seiten der öffentlichen Lesung der Zeitung und mithin der Würdigung der Produkte in den Hintergrund drängt. Nachteilig an dieser zeitlichen Streckung ist allerdings, dass viele Kinder das Interesse an den Nachrichten, die sie vielleicht schon für sich gelesen haben, erlahmt. Das würde die Bereitschaft zum Zuhören tendenziell gefährden. Der Charme der Situation, mit dem Nachrichtensprecher kommunizieren zu können, drei Nachfragen zu beantworten, könnte darunter gleichermaßen leiden. Hinzu kommt, dass die Nachrichten der Kinder oftmals nicht so spektakulär sind, so originell, dass die Leserschaft darauf brennt, mehr zu erfahren. Oft stellt sich eine gewisse Monotonie der Meldungen ein, die einen zerrissenen Leseprozess nur schwerlich stimulieren. Auf der anderen Seite darf das Problem nicht unterschätzt werden, dass wir es in den ersten Klassen nicht nur mit unterschiedlich guten Schreibern zu tun haben, auch die Lesekompetenz ist unterschiedlich weit entwickelt. Insofern ist es lange Zeit unerlässlich, dass die Kinder intensiv üben, den anderen ihre Nachricht laut und deutlich und vor allem auch flüssig vorzutragen. So verständnisvoll manche Kinder als Leseanfänger auch sein mögen, das mühselige Erlesen mancher Wörter mitzuerleben, so geht es doch schon binnen Kürze auf die Substanz und beeinträchtigt objektiv – auch schon wegen der Undeutlichkeit und dem eher leiser werdenden Vortrag – das Hörverstehen der Zuhörerschaft, die bald schon mit anderen Gesprächen beschäftigt ist. Alternativ kann auch auf Kassette gelesen werden, die jeder bei Bedarf und Lust anhören kann. Diese sprechende Zeitung ist sich des Interesses und der Aufmerksamkeit der Hörerschaft gewiss. Nachteilig ist allerdings, dass der Dialog mit dem Nachrichtenschreiber entfällt bzw. nur im Zwiegespräch stattfindet. Produktion und Erscheinen der Zeitung können sich notfalls auch auf zwei Wochen erstrecken, wenn es anders nicht machbar erscheint oder zu viel Stress verursacht. Allerdings ist auch dann eine Regelmäßigkeit vonnöten, um überhaupt Handlungssicherheit aufkommen zu lassen. Je seltener ein Ritual praktiziert wird, desto länger dauert seine Verankerung. Dieser Grundsatz betrifft auch die Arbeit mit der Zeitung, sofern ihre Herstellung und Rezeption sich über einen längeren Zeitraum hinzieht. Wenn der Produktions- und Rezeptionsablauf von Woche zu Woche Schwankungen ausgesetzt ist, fällt es schwer, die Vorzüge ritualisierter Handlungsabläufe gemeinsam zu genießen, da Abgabe, Herausgabe, Wochenspiegel immer wieder Änderungen unterworfen sind. Und trotzdem: Eine Zwei-Wochenzeitung ist immer noch besser als keine, so meine Erfahrungen in einer dritten und vierten Klasse.

Kinder werden sicher manchmal familiäre Geheimnisse ausplaudern, die sie veröffentlichen wollen. Es ist eine Frage der Sensibilität seitens der Lehrerin, in Absprache mit dem Kind Dinge auch einmal nicht zu veröffentlichen. Aber in meiner langjährigen Praxis zeigte sich, dass Kinder selbst ein ausgezeichnetes Gespür dafür besitzen, was sie publizieren. Darüber hinaus sollte das Zeitungsprojekt den Eltern auf einem Elternabend ausführlich vorgestellt werden. Das Mehr an Informationen, das eine Klassenzeitung mit sich bringt, können sie erst nach und nach ermessen.

Insbesondere in der ersten Klasse und bei Schreibproblemen kann man Kinder auch von der Pflicht entbinden, selbst eine Nachricht für die Zeitung zu verfassen. In solchen Fällen könnte die Lehrerin oder ein Mitschüler als Sekretärin fungieren. Mit dem Ansehen der Zeitung wächst bei allen der Wunsch, eine persönliche Nachricht, eine eigene „Duftmarke" zu hinterlassen. Wenn man nicht selbst eine Nachricht schreibt, kann man sich in der Zeit auch damit beschäftigen, ein Bild zu malen, etwas für die nächste Ausgabe vorzubereiten oder anderen zu helfen. Auf der anderen Seite entsteht beim Verlesen der Zeitung Bedauern, dass man selbst nicht auftaucht, weil man nichts dazu beigesteuert hat. Dieses Gefühl wird bei wachsender Attraktivität dieses Mediums selbst die langsamen Schreiber „in die Puschen kommen lassen" und zur Textproduktion animieren.

▨ **Variationen**: Es ist möglich, die Zeitung selbst mit verschiedenen Wochenaufgaben zu füllen oder für die Wochenplanarbeit zu nutzen, etwa um gezielte Rechtschreibaufgaben mit den dort verwandten Wörtern zu geben (wer findet die meisten ie-Wörter, Wörter mit Doppelkonsonanten oder solche mit dem „fiesen h" (dem Dehnungs-h). Es können auch Sachrechenaufgaben versteckt werden. Darüber hinaus finden sich hier Informationen zum Wochenthema, sei es von Lehrer- oder Schülerhand, sowie Märchen, Gedichte, Rätsel oder Geschichten aus dem laufenden Unterricht. Es hat sich bewährt, die Nachrichten mancher Ausgaben unter ein Motto zu stellen: „Rätselzeitung"; „Wer bin ich?"; „Mein Lieblingstier hat zwei Ohren, ein weiches Fell, kann prima schleichen und schnurrt gerne. Es ist eine ...". Es könnte eine Zeitung geben, die der Bilanz gewidmet ist: „In diesem Halbjahr hat mir am... besten gefallen, weil ..."; „Gar nicht gefallen hat mir ..., weil ...". Die Zeitung könnte sich auf ein Thema konzentrieren, z. B. das Wochenthema „Katze" oder „Verrücktheiten", eine Zeitung, in der nichts stimmt; denkbar ist auch eine Klassenzeitung als Klassencomic, der Fotos der Kinder nutzt. Die Variationsmöglichkeiten sind grenzenlos. Vor allem die Kinder sind es, die immer neue Einfälle haben und umsetzen.

Mit den Kindern eine Zeitungsente zu konstruieren und in jeder Ausgabe auf Spurensuche zu gehen bzw. sich für ein Spiel Derartiges auszudenken, unter Verdrehung der Nachrichten der Kinder, ist eine zusätzliche Möglichkeit, die Auseinandersetzung mit dem Medium Zeitung zu intensivieren und lustvoll zu gestalten. Darüber hinaus ist es ein zauberhaftes Mittel, spielerisch und konstruktiv mit Fehlern umgehen zu lernen.

Rubriken wie z. B. Buch- oder Filmtipp der Woche, Leserbriefe, Witze, Preisrätsel, Wetternachrichten, Das kannst du in der Freizeit machen, ein Fortsetzungsroman entsteht ... – verhelfen den Kindern zu neuen Ideen und bereichern die Zeitung. Genauso wie in höheren Klassen der Sekundarstufe ist an ein monatlich erscheinendes Klassen- oder Themenmagazin zu denken. Wichtige Ergebnisse aus dem Fachunterricht finden sich dort publiziert, Rätsel, Geschichten, Neuigkeiten, Flohmärkte oder Schulnachrichten. Die Chancen solcher Produktion – nicht als Ausnahme, sondern gerade als monatliche Institution – werden leider viel zu selten genutzt. Dabei erfüllen sie so wichtige Aufgaben wie Würdigung von Arbeitsergebnissen, Austausch, gegenseitige Information, miteinander lachen, knobeln, Tipps für jedermann. Kreativität und Gestaltungskompetenz werden neben Kooperation begünstigt. Der Beitrag zur Entstehung einer Klassengemeinschaft und eines souveräneren Umgangs mit Textproduktion, Überarbeitung und Gestaltung und Publikation – allein und im Team – ist groß.

Interviews mit Eltern, anderen Lehrern, Putzfrauen, Hausmeistern oder Ladenbesitzern tragen dazu bei, das Medium Zeitung noch attraktiver zu machen und zugleich in der Sache – Herstellung von Zeitungen – kundiger zu werden. Dazu könnten auch Besuche und Gespräche in Zeitungsredaktionen gehören. Wie Zeitungen jetzt hergestellt und früher gedruckt wurden – all diese Aspekte stoßen hier auf ein interessiertes und immer versierteres Publikum.

Der Klassenrat tagt

▦ **Einsatz**: Klassenunterricht/soziales Lernen; Klassenstufen 2 bis 4; Dauer: 1 Stunde am Ende der Schulwoche

▦ **Ablauf/Beschreibung**: Die letzte gemeinsame Stunde der Woche mit dem Klassenlehrer oder der Klassenlehrerin ist der Klasse gewidmet: der Auswertung der vergangenen Woche, der Planung der nächsten, der Vorbereitung langfristiger Aktivitäten wie Klassenreisen sowie auch Klassengeschäften, Problemen mit anderen Lehrern oder Konflikten innerhalb der Klasse. All dies sind mögliche Tagesordnungspunkte dieser Klassenratsstunde. Die Leitung liegt in den Händen von drei Schülern, die sich die Aufgaben der Moderation, des Ergebnisprotokolls sowie auch der Konfliktlösung untereinander aufteilen. Im Laufe der Woche sammeln sich in einem dafür vorgesehenen Kasten oder öffentlich am Klassenratsbrett Vorschläge und Wünsche für die Tagesordnung, über deren Reihenfolge die wöchentlich wechselnde Vorbereitungsgruppe zu befinden hat. Die Stunde endet damit, dass die Ergebnisse und Verabredungen im Klassenratsbuch vorgelesen und die nächste Leitungsgruppe eingetragen wird.

▦ **Ziel/Funktion/erwartete Wirkung**: Es handelt sich hierbei um ein Beteiligungsritual, das langfristig allen Kindern durch seine fest verabredeten Strukturen und Abläufe Sicherheit und Handlungskompetenz vermittelt, die eigenen Belange selbst zu regeln und Konflikte offen und konstruktiv zu lösen. Die Kontinuität trägt dazu bei, dass das Konfliktpotenzial nicht eskaliert, sondern rechtzeitig erkannt und bearbeitet werden kann. Davon profitiert das Klima unter den Schülern sowie ihr Verhältnis zu den Erwachsenen.

Dadurch, dass die Klassenratsstunde ihnen einen Gestaltungsspielraum garantiert, in dem ihre Bedürfnisse, Fragen, Erfolge und Probleme im Zentrum stehen, vergrößert sich die Chance, dass sie ihre Schule und Klasse wirklich als einen Teil begreifen, den sie mitbestimmen können und wo ihr Wohlgefühl gefragt und wichtig ist. Durch die kontinuierliche Konfliktbearbeitung entwickeln sie Techniken, Kreativität und Offenheit sowie kommunikative Kompetenz, akute Streitfälle zu bewältigen.

▦ **Ideen zur Initiierung**: Zu Beginn des neuen Schuljahrs, wenn die Klasse und die in der Klasse unterrichtenden Lehrer und Lehrerinnen mit einem neuen Programm sowohl noch Anstehendes als auch Neues transparent machen, finden Wahlen zu verschiedenen Klassenämtern statt. Dies ist der geeignete Zeitpunkt, um neben dem offiziellen Klassenbuch auch ein anders farbiges, vielleicht mit einem Klassenfoto dekoriertes Buch sowie ein Aushängebrett einzurichten, um wichtige Ereignisse im Leben dieser Klasse zu dokumentieren und bearbeitbar zu machen. Je nach Alter und Erfahrungen der Schüler unterscheiden sich die Modalitäten des Rituals. Hier, wie bei vielen anderen Ritualen auch, ist es von Vorteil, die Kinder Erfahrungen mit einer begründet vorgegebenen Struktur sammeln zu lassen, die nach drei bis sechs Monaten zur Disposition gestellt und ggf. einer Revision unterzogen wird. Es wird also zunächst darauf verzichtet, mit allen gemeinsam etwas zu erfinden, was oftmals sehr schleppend verläuft, sich in traditionellen Bahnen bewegt und vielleicht nur zerredet wird. Die Zahl 3 für die Aufteilung der Aufgaben Gesprächsleitung, Konfliktmoderation und Protokollführung scheint sinnvoll. Die Gruppe wird je nach Tagesordnung und Bedürfnissen diese Aufgaben selbst untereinander verteilen. Um ihnen die Arbeit zu erleichtern, sind verbindliche Gesprächsregeln sowie ritualisierte Auswertungsfragen zur Wochenbilanz hilfreich, z. B.:

1. Was hat euch in der letzten Woche am besten gefallen und warum?
2. Worüber wart ihr unzufrieden und warum?
3. Welche Fragen/Konflikte/Probleme stehen an und müssen gelöst werden?
4. Welche Vorschläge/Ideen habt ihr?
5. Welche Verabredungen haben wir getroffen? Unsere Verabredungen und Ergebnisse, so wie sie im Protokoll stehen.
6. Die nächste Klassenratsstunde leiten:
   1._____, 2._____, 3._____.

Es ist wichtig, die **Protokollführung** zu trainieren, etwa Kurzprotokolle von allen oder Freiwilligen. Dazu gehört auch eine gemeinsame Übungssequenz, z. B. zu einer der ersten Klassenratsstunden, die von der Kassette abgehört und nach Bedarf von Teams oder kleineren Gruppen zur Erstellung eines Ergebnisprotokolls genutzt werden kann. Das Aushängen der Ergebnisse und ihr Vergleich wird die weitere Protokolltätigkeit stimulieren.

Kaum möglich ist es, heftige **Konflikte in der Klassenratsstunde** mit allen zu klären. Hier steht vor allem die Sondierung im Vordergrund sowie die Verabredung von Klärungsgesprächen, die ihrerseits nach einem festen Ritual erfolgen sollten: Jeder in einen Streit Involvierte sucht sich einen Anwalt zur Interessenvertretung. Nach persönlicher Instruktion treffen sich die Anwälte und stellen den Konflikt dem gegnerischen Anwalt von der Warte ihres „Klienten" aus dar. Die Streitparteien dürfen zunächst nur zuhören und sind erst später zur Klärung der Sachverhalte zu befragen. Dadurch wird der Konflikt auf eine sachliche Ebene gehoben. In Absprache mit ihrem „Klienten" entwickeln die Anwälte Schlichtungsangebote, die in einen Vorschlag münden, der offiziell im Klassenrat verkündet wird. Mit seiner Veröffentlichung ist der Streit offiziell beigelegt. Die **Gesprächsleitung** erstellt auf Basis der eingegangenen Gesprächswünsche eine Tagesordnung, hängt sie aus und sieht eine Zeitplanung vor, für deren Einhaltung sie möglichst Sorge trägt, um das beabsichtigte Programm auch wirklich zu bewältigen und nicht den Eindruck von „Da wird viel geredet, aber es kommt nichts dabei heraus" aufkommen zu lassen.

Gefahrenpotenzial und Handlungsmöglichkeiten: Die Schüler haben nicht selten Schwierigkeiten, sich Ruhe zu verschaffen. Da dies eine Schülerstunde ist, die sie für sich und ihre Belange nutzen, ist es für die anwesende Lehrkraft eine komplizierte Entscheidung, ob sie in diesem Falle intervenieren soll. Selbst zu spüren, wie kompliziert es ist, wenn man sich als Gesprächsleiter nicht durchsetzen kann, ist zwar bitter, geschieht aber im geschützten Kontext und spielt sich in einer vertrauten Gruppe ab, deren Mitglieder sich dieser Situation alle einmal zu stellen haben. Insofern ist zu hoffen, dass sie sich immer disziplinierter verhalten, schon aus Eigeninteresse. Wenn Gesprächsregeln in der Klasse aushängen, werden die Schüler sicher bei Bedarf darauf verweisen. Vielleicht melden sie auch den Wunsch an, einen kleinen Wiederholungskurs in Sachen Gesprächsleitung im Klassenunterricht zu absolvieren. Dies allerdings im Klassenunterricht, um nicht die Zwiespältigkeit der Situation (Wer trägt in dieser Stunde die Verantwortung?) zusätzlich zu nähren.

Wie wird die Gesprächsleitung gefunden? Wenn es Sinn macht, dass die ersten Teams sich auf freiwilliger Basis bilden, um Erfahrungen durch erfolgreiche Beispiele zu sammeln und Mut zu machen, kann es danach für die Gruppenentwicklung wichtig sein, dass man die Teams per Los bestimmt, um nicht Einzelne auszugrenzen und die Findung zur Last werden zu lassen. Voraussetzung dafür ist, dass alle an der Klassenratsstunden-Gestaltung beteiligt sind, mit allen zusammenarbeiten können und die Gesprächsleitung so auch in weniger versierte Hände übergehen kann. Das soziale Klima und die Klassenatmosphäre sowie Erfahrungen und Alter der Schüler geben den Ausschlag dafür, wann dieses Wagnis eingegangen werden kann. Eine andere Möglichkeit besteht darin, dass nur die Klassensprecherteams die Klassenratsstunden leiten. Nachteil dabei ist, dass sie stark belastet sind und die anderen Schüler durchgehend geleitet werden, selbst wenn dies ihre gewählten Vertreter sind. Die positiven Wirkungen einer wechselnden Besetzung, insbesondere für die Gesprächsdisziplin, würden sich so kaum einstellen.

Als dritte Alternative ist daran zu denken, dass nur freiwillige Teams die Moderation der Klassenratsstunde übernehmen, also nicht alle dazu verpflichtet sind. So viel Charme dieses Modell für einen gelungenen Beginn und die Einführungsphase besitzt, so birgt es doch auch Gefahren für das soziale Klima in der Klasse, weil manche sich nie trauen werden, wodurch sich bestehende Diskrepanzen noch vergrößern könnten.

Konflikte unter Schülern können sich allein durch das Ansprechen zuspitzen. In einer solchen Situation ist es nur gut, dass man als Erwachsener zugegen ist und dafür Sorge trägt, entweder die Eskalation durch Intervention zu vermeiden, die Leitung und die Konfliktparteien zu schützen und das Ganze durch Verabredung im kleinen Kreis zu entspannen.

Schüler beklagen sich nicht selten über Kollegen. Als Klassenlehrer und Klassenlehrerin sollte man zunächst aufmerksam zuhören. Dadurch signalisiert man Vertrauen in die Dialog- und Gesprächsfähigkeit der Schüler. Ideen oder Ratschläge unsererseits zu früh und zur Unzeit eingebracht, fördern nur die Unselbstständigkeit der Klasse. Denn es ist bequemer, auf den Vorschlag des Lehrers zu warten, als sich selbst etwas auszudenken, sich mit den anderen abzustimmen und die Folgen zu spüren. Aber dann ist ein Erfolg auch wirklich einer, der den Schülern gehört. Er erhöht die Handlungskompetenz und das Selbstvertrauen der Gruppe in ganz anderem Maße als die Realisierung eines noch so guten Tipps von Lehrerseite. Da die Anschuldigungen in der Situation nicht zu überprüfen und die beschuldigten Kollegen nicht zu befragen sind, sind Hinweise auf mögliche Schritte, z. B. zum Vertrauenslehrer, wichtig. Zu welcher Lösung sie selbst finden, vielleicht verfassen sie einen Beschwerdebrief oder sie laden den Kollegen zu einer Klassenratsstunde ein, wird sich zeigen. Zur Erweiterung ihres Repertoires kann sinnvoll im Deutsch-, Politik- und Ethikunterricht gearbeitet werden. Manchmal sollten wir hier den Klassenraum verlassen, um offene Kritik zu erleichtern und zu eigenen Lösungen zu ermutigen.

Die Lehrkraft möchte die Klassenratsstunde vielleicht nutzen, um ein eigenes Thema anzusprechen. Alle Gesprächswünsche werden im Klassenratskasten oder am Schwarzen Brett aushängt, auch die der Lehrerin. Die Leitung wird auch deren Wunsch berücksichtigen und Gelegenheit geben, ein Problem oder einen Vorschlag zu diskutieren. Wenn ich mich zur laufenden Debatte äußern möchte, muss ich warten, bis ich aufgerufen werde.

Rituale für den Monat

In der zeitlichen Strukturierung der Schuljahre spielt der Monat mit seinen 30 oder 31 Tagen und seinen im Durchschnitt viereinhalb Wochen eher eine untergeordnete Rolle. Im Unterschied zu anderen Ländern, in denen es monatliche Zwischenprüfungen und Zeugnisse gibt, besteht keine schulorganisatorische Notwendigkeit, besondere Rücksicht auf die Zeiteinheit Monat zu nehmen. Da aber Monate im Leben der Kinder wichtige Orientierungspunkte darstellen, ist es für die Entwicklung von mehr Zeitverständnis und -bewusstsein hilfreich, das Jahr nicht nur in Tage und Wochen aufzulösen, sondern auch in zwölf Monate. Schließlich finden hier die Geburts- und Namenstage sowie das Sternzeichen ihren Platz. Das gilt auch für jahreszeitliche oder traditionelle Feste. Im Alltag begegnet man tagtäglich – schon bei der Entschlüsselung des Datums – dem Monatsnamen. In vielen Grundschulen wird daher der Monatsrhythmus insbesondere in den ersten beiden Klassen genutzt: Monatlich wird eine *Jahreszeitenuhr* weitergestellt. Es werden *Monatsblumen oder -pflanzen und Bäume* ausgewählt, aufgestellt, beobachtet und gemalt. *Monatlich messen und wiegen* sich die Kinder und dokumentieren so ihr persönliches Wachstum in einem Pass.

Die überschaubare Anzahl von zwölf Monaten in gleich bleibender Anordnung macht das Kalenderjahr leichter durchdringbar als die 52 Wochen oder 365 Tage eines Jahres. Die intensive Auseinandersetzung mit jedem neuen Monat (s. unten) unterstreicht seine charakteristischen Merkmale, was neben der bewussten Wahrnehmung auch das Zeitgefühl zu entwickeln hilft. Während der ersten Schuljahre macht es also Sinn, den monatlichen Rhythmus zu akzentuieren, innezuhalten, auf den alten Monat zu blicken und den neuen mit seinen Besonderheiten vorzustellen: Welche Bedeutung sein Name hat, wer in diesem Monat Geburtstag hat, wer Namenstag – das alles ist herauszufinden. Es ist auch von Interesse, ob es Geschichten, Märchen oder Gedichte gibt, Bilder, die just diesen Monat betreffen. Vielleicht beginnt in dem Monat eine neue Jahreszeit, ein neues Sternzeichen. Der Umgang mit einem Jahreskalender erschließt sich den Kindern durch konkrete Vorbereitung auf das Neue, Charakteristische eines neuen Monats, sensibilisiert für die Wahrnehmung von Besonderheiten wie Ähnlichkeiten. Dass die Kinder unterschiedlich viel Zeit brauchen, bis die ritualisierte Begegnung mit den Monaten sie auch zum souveränen Umgang mit einem Kalender befähigt, ist nicht verwunderlich.

Es gibt wunderschöne *Rituale zu Geburtstagsfeiern* in der Grundschule, die Geschenke von Kindern für Kinder vorsehen, die über Kerzen und Kuchen Feierlichkeit erzeugen, vielleicht einen festlich geschmückten Geburtstagsstuhl vorsehen, der zum Erzählen und Befragtwerden einlädt, die Raketen steigen lassen oder nach besonderen Wünschen fragen, nach Dingen, die man nicht kaufen kann. Es gibt ungezählte Gestaltungsmöglichkeiten für eine Stunde oder den Tag, damit dieser wichtigste Tag im Leben der Grundschulkinder zu einem echten Ehrentag wird.

Rund ums Jahr – ein Kalender entsteht

▨ **Einsatz**: Kunstunterricht/Sachrechnen und Sachunterricht; Klassenstufen: bevorzugt 1 bis 2, 3 bis 4 auch möglich; Dauer: 2 bis 4 Stunden zu Monatsbeginn

▨ **Ablauf/Beschreibung**: Von Jahresbeginn an fertigt jedes Kind monatlich ein Kalenderblatt im DIN-A4-Format an, das den Namen des neuen Monats trägt, aber für das kommende Jahr bestimmt ist. So wird daraus im Dezember ein Weihnachtsgeschenk für die Familie. Nach Fertigstellung der neuen Kalenderseiten werden diese vorübergehend im Klassenzimmer ausgehängt, dann gesammelt und am Jahresende zu einem kompletten Kalender zu zusammengefügt und verpackt.

▨ **Ziel/Funktion/erwartete Wirkung**: Indem jeder neue Monat bewusst in „Empfang genommen" und mit einem selbst gestalteten Kalenderblatt gewürdigt wird, richtet sich die Aufmerksamkeit aller auf den neuen Monat. Seine spezifischen Merkmale werden zum Gestaltungselement, vielleicht auch sein Name, die Anzahl seiner Tage sowie jahreszeitliche Erkennungszeichen. Damit wird also nicht nur das Zählen und Zahlenschreiben sinnvoll trainiert oder die richtige Schreibung von Monatsnamen. Durch verschiedene Techniken erweitert sich das künstlerische Repertoire und erhöht sich zugleich die Attraktivität des selbst produzierten Jahreskalenders. Die Ergebnisse werden in der Klasse gewürdigt und ausgestellt. Ein Monatsblatt nach dem anderen fügt sich zum Gesamtwerk, wird zum Geschenk und erinnert zugleich an Erlebnisse und Themen des vergangenen Jahres.

▨ **Ideen zur Initiierung**: Zu Jahresbeginn im Januar richtet dieses Ritual die Aufmerksamkeit der Kinder auf das neue Jahr – im Überblick sowie im Detail. Viele Lieder (Jahresuhr von ZUCKOWSKI, Monatsnamen nach der Melodie von Bruder Jakob) besingen die Jahreszeiten und trainieren das Auswendiglernen, bereiten den souveränen Umgang mit dem Kalender systematisch vor. Die Einordnung des eigenen Geburtstagsmonats in das Jahr

Kalenderblätter

wird trainiert und gewürdigt. Kalender sind in der Klasse in verschiedenen Formen als Hilfsmittel präsent, sie bieten z. B. sachliche Informationen, zum Namen, zur Anzahl von Tagen, zu Sternzeichen, über Jahreszeit und Feste. Geschichten, Gedichte, eine Traumreise oder etwa typische Gegenstände sowie Tiere des Monats bieten andere Zugänge und sensibilisieren die Wahrnehmung für spezifische Veränderungen, die für die Gestaltung des Kalenderblattes fruchtbar werden können. Die Herstellung des Kalenderblattes wird an der Tafel demonstriert: Es entsteht eine Kopfzeile mit Namenswolke, dem Monatsnamen, der Laut für Laut von den Kindern diktiert wird sowie der Jahreszahl des kommenden Jahres. Gerade in der ersten Klasse ist es wichtig, den Kindern die Zahlen dekorativ – vielleicht als Bilderrahmen – an der Tafel vorzuschreiben, damit sie Reihenfolge und Anordnung erfolgreich bewältigen. Andere Hilfsmittel wie Lineale oder reale Kalender sind unerlässlich, um sie langfristig vom Vor- und Abschreiben unabhängig zu machen und ihren kreativen Umgang mit den Zahlen zu unterstützen. Sodann gestaltet jedes Kind einen Rahmen, für den es Anregungen und Vorschläge gibt. Es ist zunächst ratsam, für das zentrale Bildthema eine Technik oder einen speziellen Hintergrund vorzugeben, um das künstlerische Repertoire zu erweitern und alle zu Erfolgen zu führen. Neben jahreszeitlichen Besonderheiten bieten sich sachunterrichtliche Themen an. Der eigene Geburtstagsmonat wird ganz nach persönlichen Vorlieben selbst und unabhängig vom Thema gestaltet. Oft verwandelt sich die Tafelseite zum überdimensionalen Kalenderblatt, damit das Vorgehen demonstriert werden kann. In zunehmendem Maße werden die Kinder Ideen und Techniken vorschlagen, wie sie ihren Kalender gestalten wollen.

1. *Januar*: das neue Jahr – Feuerwerk auf schwarzem Tonpapier mit Wachsmalstiften, oder: einen kleinen, selbst gefalteten Brief mit Wünschen, die man nicht kaufen kann, aufkleben
2. *Februar*: Winter – einen Schneemann aus kreisförmig ausgeschnittenen Spitzen in eine Landschaft setzen; oder: aus dünnem weißen, vielfach gefalteten Papier Schneeflocken produzieren und auf grauen Grund aufkleben
3. *März*: Frühling kommt – die ersten Blumen malen, aus einem Blumenkatalog schneiden oder aus Serviettenpapier reißen und auf braun getuschte Erde kleben
4. *April*: Der macht ja, was er will – Sonne, Regen, Sturm, Hagel, Regenbogen
5. *Mai*: Maiglöckchen abzeichnen (in höheren Klassen mit Feder und Skriptol), Maikäfer ausschneiden
6. *Juni*: Es grünt und blüht so schön – Gräserarten, auf dem Schulhof etwas Blühendes abmalen
7. *Juli*: Reisezeit/mein Traumziel/ich auf einer einsamen Insel – Papier zuvor wellenhaft mit Tusche oder Wachsstiften kolorieren bzw. vorgedruckte Vorlage verwenden, die einsame Insel aus Reißpapier kleben
8. *August*: Urlaubszeit/Meer/Strand – Fische mit Schuppen aus Alupapier und dickeren Illustriertenpapieren
9. *September*: letztes Aufblühen des Sommers – Sonnenblumen
10. *Oktober*: Erntezeit – aus Essbarem zusammengestelltes Gesicht malen
11. *November*: Herbst/Sturmzeit – Bäume ohne Blätter mit Frottage-Technik mit Bleistift und weißem Papier als Collage kleben
12. *Dezember*: Advents-/Weihnachtszeit – ein verrückter Tannenbaum, geschmückt mit außergewöhnlichen Dingen (wie Blumen, Dosen)

▓ **Gefahrenpotenzial und Handlungsmöglichkeiten**: Vielen Kindern fällt die Vorstellung schwer, dass sie einen Kalender für das kommende Jahr anfertigen. Deshalb ist die ohnehin komplizierte Jahreszahl oftmals fehlerhaft. Wenn sie das Geschenk übergeben und den Kalender hängen sehen, wissen sie im zweiten Jahr, worauf das Ganze hinausläuft.

Um Produktionsprobleme zu antizipieren, empfiehlt es sich, zu Hause selbst ein Kalenderblatt zu erstellen. Dadurch liefert man nicht nur wichtiges Anschauungsmaterial, sondern man weiß auch um besonders schwierige Stellen und Möglichkeiten, und kann diese überwinden helfen.

Manche Kinder sind mit ihren Ergebnissen unzufrieden, sind aber bereits sicher, künstlerische Fähigkeiten zu besitzen. Alle arbeiten parallel und können sich gegenseitig helfen und unterstützen. Die gemeinsame Einführung und das sofortige Aushängen stimulieren auch deshalb, weil sich daraus ein Gesamteindruck ergibt. Dass sich auch die Lehrerin an die Arbeit macht, mit den Schwierigkeiten kämpft und nicht nur Ansprüche formuliert, bestärkt die Kinder und macht sie unabhängiger, diese auch selbst zu erfüllen.

▨ **Variationen**: Die Kinder können stärker in Themenfindung und Umsetzungsmöglichkeiten einbezogen werden. Dann hätte die Lehrerin die Aufgabe, ihnen verschiedene Möglichkeiten und Techniken vorzustellen. Man könnte einen Themenkalender herstellen, z. B. einen Baum durchs Jahr begleiten und dabei unterschiedliche Techniken nutzen.

Wenn es die Atmosphäre zulässt, kann man eine Vernissage der fertigen Kalenderblätter dazu nutzen, nicht nur die Vollendung zu feiern, sondern eine konstruktiv-kritische Würdigung der Produkte zu ermöglichen.

Rituale für das Schuljahr

Das Schuljahr ist eine künstliche Konstruktion, es durchbricht das Kalenderjahr. Seine beiden Hälften sind von unterschiedlicher Dynamik: Während das erste Halbjahr nach den erholsamen Sommerferien zunächst eher Aufbruchstimmung erzeugt, fällt das Stimmungsbarometer zum Ende hin ab, wenn nach nur kurzer Verschnaufpause das versetzungsrelevante zweite Halbjahr startet, um mit der Zeugnisausgabe zu enden.

Der Beginn einer höheren Klasse markiert mit neuen Fächern und Lehrerinnen, neuen Räumen, Büchern und einem neuen Stundenplan eine deutliche Zäsur. Erfahrungen aus der Ferienzeit verändern die Atmosphäre der Lerngruppe bei gleicher Zusammensetzung. Die Karten scheinen neu gemischt: Es gilt, seine Position zu finden, Freundschaften zu pflegen oder neue zu knüpfen. Auch das Verhältnis zwischen Kindern und Lehrern ist nach solchen Unterbrechungen ein anderes. Veränderungen, die durch neue Fächer und Lehrer noch verstärkt werden, wirken auf manche Kinder reizvoll, auf andere eher bedrohlich. *Ein Ritual für den Schuljahresbeginn* kann helfen, durch Transparenz Ängste zu reduzieren und mit räumlicher sowie inhaltlicher Mitgestaltung Aufbruchsstimmung zu erzeugen.

Halbjahreszeugnisse sind Anlass für eine kritische Zwischenbilanz, werden durch Fragen und Gespräche vorbereitet und durch konkrete, an den Interessen und Bedürfnissen des Einzelnen orientierten Verabredungen für Grundschulkinder konstruktiv gewendet. Die neuen Akzente des zweiten Halbjahres müssen für die Gruppe wie für den Einzelnen und die Fächer präzisiert werden. Anders lässt sich neue Dynamik für effektives und zielgerichtetes Lernen kaum erzeugen. Dazu trägt nicht zuletzt das *halbjährliche Themenfindungsritual* bei, das einen Neuanfang signalisiert. Das **Schuljahresende** scheint geregelt. Nach den Zeugniskonferenzen wird sich erholt, etwas anderes unternommen und mit der Ausgabe der Zeugnisse der Ferienbeginn eingeläutet. Die Wirklichkeit sieht für die allermeisten wesentlich komplizierter aus. Mit den Zensuren gehen Verletzungen einher, die jetzt für manche die Folge haben, eine vertraute Lerngruppe verlassen zu müssen. Manche fühlen sich ungerecht beurteilt, sind aber nicht gefragt, nehmen am letzten Tag „ihr Urteil" entgegen. Selbstständiges Lernen wird so erschwert und nicht ernst genommen. Es ist bedauerlich, dass die Schulen gerade die Wochen zwischen Zeugniskonferenzen und Schuljahresende so wenig zur Bilanz, zum Aufräumen, zur Verschönerung der Klasse und zum Abschiednehmen nutzen. Als einen Beitrag der Schüler für uns, ein Feedback an uns am Ende des Schuljahres, so sollten wir ihr *Zeugnis für uns* interpretieren.

Das Zwei-Tage-Ritual zum Schuljahresbeginn

▨ **Einsatz**: Klassenunterricht; Klassen 2 bis 4; Dauer: die ersten zwei Schultage des neuen Schuljahres

▨ **Ablauf/Beschreibung**: Der erste Tag ist der Rückkehr der Kinder in die Gruppe, ihrer neuen Klasse, gewidmet. Es gibt neben einem von allen mit zu gestaltenden kalten Büffet Bilder und Erzählungen aus den Ferien. Es ist auch der Tag der neuen Mitglieder der Klassengemeinschaft. Daran anschließend wird die Klasse wieder in Empfang genommen und fürs kommende Schuljahr neu gestaltet – die Sitzordnung überdacht, Plakate entfernt oder neue aufgehängt. Ankommen, Rückkehr und Neugestaltung des gemeinsamen Ortes, so lauten die Themen des ersten Tages, der vor allem mit dem Klassenlehrer oder der -lehrerin bzw. dem Team verbracht wird. Der zweite Tag ist den fachlichen Veränderungen gewidmet, aktualisiert das Klassenregelwerk für das gemeinsame Lernen, legt Klassenaufgaben und Verantwortlichkeiten fest, lässt die Klassensprecher wählen. Zuletzt wird der Blick auf das gerichtet, was jeder sich für das kommende Schuljahr vornimmt und welche Wünsche und Forderungen an die Gruppe und die Lehrer bestehen. Diese werden gesammelt, mögliche Schlussfolgerungen gezogen und Verabredungen getroffen.

▓ **Ziel/Funktion/erwartete Wirkung**: Diese beiden Tage ermöglichen jedem, wieder in die Gruppe zurückzufinden. Der Austausch über persönliche Veränderungen, Erlebnisse und Wünsche ist dafür unerlässlich. Dann kann der Blick frei werden und sich auf die Aufgaben des neuen Schuljahrs, die persönlichen wie die allgemeinen, konzentrieren und die Mit- und Umgestaltung Formen annehmen. Jeder ist wichtig, jeder kann seine Interessen und Wünsche anmelden – dies ist die Botschaft des ersten Tages, die auch die neuen Mitschüler mitprägen können. Wenn alle Kinder zur Verschönerung und sinnvollen Gestaltung des Raums beitragen und Verantwortung übernehmen, wachsen die Identifizierung mit der Klasse, das Wohlgefühl und die Ordnung – alles Faktoren, die gemeinsames Lernen erleichtern. Der zweite Tag soll die Adressaten unserer Lernangebote darüber informieren, was sie im kommenden Schuljahr an Inhalten, Methoden, Fachunterricht, Kollegen, Klassenarbeiten, Projektwochen, Klassenreisen oder Stundenplanungen erwartet. Fachkollegen sollten möglichst dabei sein, insbesondere bei der Verabredung von Arbeitsregeln. Danach wird jeder seine persönlichen Ziele konkretisieren, mit der Gruppe abstimmen und seine Wünsche an die Gruppe artikulieren. Der Kopf ist frei. Kooperatives Lernen kann beginnen.

▓ **Möglichkeiten der Initiierung**: Der erste Tag beginnt mit einem gemeinsamen Frühstück und einem Austausch über die Ferien. Die alte Sitzordnung wird aufgelöst, um neue Formen zu ermöglichen und offen für Alternativen zu sein, die besprochen und skizziert werden können. Neue Tischgruppen finden sich. Die Raumverschönerung und -umgestaltung – nach dem Ankommen und dem Austausch das zentrale Thema des ersten Schultages – beinhaltet neben der gemeinsamen Säuberung auch das Aufräumen des Gruppenraums sowie ein Abhängen alter Bilder und Plakate. Welche Aufgaben zu verteilen sind (Computer/Blumen/Tiere/Tafel/Wände/Leseecke etc.) ergibt sich aus der veränderten Klassenraumgestaltung. Es ist zu klären, was die Aufgaben genau beinhalten, wie auch die Häufigkeit des Wechsels der meist sehr begehrten Verantwortlichkeiten von vornherein gemeinsam abgesprochen werden muss.

Zu Beginn des zweiten Tages veranstaltet die Klassenlehrerin nach genauer Information durch die Fachlehrer eine Traumreise mit der Klasse in das nächste Schuljahr – was in den verschiedenen Fächern fachlich, lerntechnisch und sozial auf die Kinder zukommt, was sie mitbestimmen können, wo sie sich besonders anstrengen müssen. Daran anknüpfend erhalten sie mit Hilfe eines Arbeitsblattes Gelegenheit, ihre persönlichen Lernaufgaben zu formulieren, ihre drei Wünsche an die Klassengemeinschaft aufzuschreiben und besondere inhaltlich-thematische Interessen für unterschiedliche Fächer anzugeben. Ihre auswertbaren Wünsche an die Klasse bilden eine vorzügliche Ausgangsbasis für einen Klassenvertrag.

▨ **Gefahrenpotenzial und Handlungsmöglichkeiten**: Es fällt den Kindern zunächst schwer, persönliche Lernaufgaben zu formulieren. Erinnerungen an den Stand des letzten Schuljahres, den entsprechenden Bemerkungen zum Lernstand im letzten Zeugnis und der Tipp, sich ein konkretes persönliches Trainingsprogramm auszudenken (z. B. täglich 10 Wörter im Wörterbuch nachschlagen, 15 Minuten laut lesen, 10er Einmaleins trainieren etc.) erhöhen den Ertrag.

Die Wünsche an die Klassengemeinschaft sind nach der Zäsur der Sommerferien oft nicht mehr von negativen Erlebnissen geprägt, sondern drücken eher Zufriedenheit und Hoffnung aus. Allerdings finden sich auch immer welche darunter, die Phänomene wie Unruhe, Undiszipliniertheit ansprechen und regeln wollen. Diese sind aufzugreifen und mit den Vorschlägen der Kinder vertraglich abzusichern.

Halbjahresritual zur Themenfindung

▨ **Einsatz**: Sach- und Gesamtunterricht; Klassenstufen 1 bis 4; Dauer: Zu Beginn des Schul(halb)jahres benötigen die Kinder mehrere Stunden (evtl. eine Stunde täglich), um in Sachbüchern zu stöbern und ein Themenplakat sowie ihre Präsentation allein oder zu zweit vorzubereiten. Für das eigentliche Ritual, das aus Themenvorschlag und Abstimmung besteht, reicht eine Doppelstunde

▨ **Ablauf/Beschreibung**: Zu Beginn des Schulhalbjahres überlegen sich die Kinder (sachunterrichtliche) Themen, die sie im Unterricht behandeln möchten. Über ihre an der Tafel visualisierten Vorschläge stimmt die Klasse ab, um Präferenzen und eine Reihenfolge zu ermitteln. Jedes Kind erhält drei Stimmen, die auf drei unterschiedliche Themen zu verteilen sind. Die Themen werden dann nach Stimmenzahl geordnet und ausgehängt. Diese Rangliste dient im Schulhalbjahr als Orientierung der thematischen Kinderwünsche, die aufgegriffen werden, sobald kein anderes wichtiges oder offiziell anstehendes Thema unterrichtet werden muss. Die Dauer der Behandlung der Kinderthemen variiert je nach Tiefgang, Fächer übergreifender Dimension sowie Interesse. Oft wird man in einem Halbjahr von vielleicht zwanzig Vorschlägen nur vier schaffen. Zu Beginn des nächsten Halbjahres, darüber sind die Kinder von Anfang an informiert, erhalten sie

aber wieder die Chance, ihre Themenwünsche anzumelden und gemeinsam über eine Reihenfolge abzustimmen.

■ **Ziel/Funktion/erwartete Wirkung**: Kinder haben und entwickeln ein
großes Interesse an vielen Themen. Da Schreiben, Lesen und Rechnen zu
lernen für sie keineswegs Selbstzweck ist, sondern ausgesprochen mühse-
lig und anstrengend, gilt es, eine Vernetzung zu sie interessierenden Themen des Sachunterrichts herzustellen. Wenn die Kinder die Basisqualifika-
tionen als Mittel zum Zweck verstehen lernen, nämlich als unerlässliches
Handwerkzeug, um Geheimnisse und Schätze in Büchern, der Öffentlichkeit oder in Computern zu heben, avanciert Lernen für sie zu einem attraktiven, Gewinn bringenden Prozess. Es wird so viel *über* die Kinder geredet,
für sie entschieden und sich dann gewundert, dass sie so wenig Appetit auf
unser ausgeklügeltes Menü haben. Warum nicht den direkten Weg gehen
und sie selbst nach ihren Interessen und Themenvorschlägen fragen? Damit avancieren wir zu Lernhelfern und -begleitern, die geeignetes Lernma-
terial zur Verfügung stellen, damit sie in der Sache kundig werden und Antworten auf ihre Fragen finden.

Lernpsychologisch spielen sich dabei wichtige Prozesse ab. Es ist so vie-
les für die Kinder interessant. Sich nun für eine Sache zu entscheiden, ist
komplex und schwierig. Die Identifikation mit der getroffenen Auswahl zu
stabilisieren und sich sein Interesse daran bewusst zu machen, fördert Dif-
ferenzierung und Entscheidungsfähigkeit. Den anderen seine Auswahl vorzustellen und zu begründen, stiftet die erforderliche Verbindung von dem
Einzelinteresse zu den anderen und ihren Vorschlägen. Gefragt zu sein, eine Auswahl treffen zu können und mithin mitzubestimmen, was gelernt
wird, ist ein essenzieller Schritt hin zum ertragreichen, selbstständigen Lernen. Wenn die Kinder von uns nach ihren Themenwünschen gefragt werden, sie ritualisiert inhaltlich mitbestimmen, bringen wir die Interessen der
Kinder in Erfahrung und können unsere Lernangebote immer angemessener an den Bedürfnissen der Gruppe orientieren. Dass sich darunter Themen finden werden, die wir noch niemals unterrichtet haben, mag auf den
ersten Blick zusätzliche Anstrengungen provozieren, aber entlastet doch
auch insofern, als die Dynamik des Neuen an die Stelle der Monotonie treten kann und wir es als befriedigend erleben, selbst etwas dazuzulernen.
Diese Parallelität von Lernen – wenn auch mit anderen Vorzeichen – stiftet
Nähe zu den Schülern und verdeutlicht mögliche Schwierigkeiten. Im Laufe der intensiven fächerübergreifenden Behandlung eines Themas setzt bei
all jenen, die anfänglich kein Interesse an dem anstehenden Thema hatten,
ein Sinneswandel ein. Das Interessante tritt in den Vordergrund.

▨ **Ideen zur Initiierung:** Um Ideen für Themen zu finden, die ganze Palette der Möglichkeiten zu bieten, macht es Sinn, die Themenabstimmung durch eine Schnupperwoche vorzubereiten. Die Lehrerin kann an einem Beispiel demonstrieren, wie ein attraktives Themenplakat aussehen könnte. Dafür müssen die Kinder Einblick in das ihnen unbekannte Abstimmungsverfahren erhalten. Dadurch wird die Bedeutung ihrer thematischen Vorbereitung unterstrichen. Wird dieses Ritual im halbjährlichen Rhythmus praktiziert, wissen die Kinder spätestens nach dem zweiten Mal, was auf sie zukommt. Immer intensiver und fundierter wird das, was sie den anderen als ihren Themenwunsch präsentieren. Da schon das Wort „Thema" so abstrakt ist, gilt es den Kindern beim ersten Mal Beispiele aus Tier- und Pflanzenwelt oder Gesellschaft zu nennen. Im Anschluss können sie leise zu

Abstimmung über Themenvorschläge

zweit ihre Ideen austauschen, zusammen „murmeln". Danach können sie solch ein „Murmelgespräch" zur Gesprächsvorbereitung und zum gegenseitigen Ideenaustausch mit der ganzen Tischgruppe führen. Je länger dieses Ritual praktiziert wird und je erfahrener die Kinder sind, desto bemerkenswerter werden ihre Themenplakate und die ritualisierte Präsentation: Wer etwas vorschlagen möchte, kommt nach vorn, präsentiert an der Tafel sein vorbereitetes Plakat und sagt,

1. was an diesem Thema besonders interessant ist (Vorwissen);
2. was er oder sie zu diesem Thema wissen möchte (Fragen).

Danach wird das Plakat an die Tafel gehängt und mit einem Kasten von den folgenden abgegrenzt. Wenn für Themenwünsche keine eigenen Plakate vorliegen, malt die Lehrerin z. B. das gewünschte Tier an die Tafel und schreibt den Titel dazu. Sie befragt die vorschlagenden Kinder Vorwissen und besonderen Interessen. Nachdem alle Themenwünsche an der Tafel festgehalten sind, stellt die Lehrerin durch Zeigen und Chorlesen sicher, dass alle Themen allen Kindern so präsent sind, dass sie darüber auch abstimmen können. Jedes Kind besitzt drei Stimmen, die es auf drei Themenvorschläge verteilt, indem es mit Kreide Striche in die entsprechenden Themenkästen macht oder Klebepunkte verteilt. Um Einzelnen den Druck zu nehmen und die Abstimmung zügig voranzubringen, aber auch genau aufzupassen, dass wirklich nur drei Stimmen abgegeben werden, arbeiten zwei oder drei Kinder gleichzeitig. Dabei darf nicht hineingerufen oder beeinflusst werden. Wenn alle ihre drei Striche gemacht haben, wird ausgezählt und die Rangordnung mit Themen und Stimmenzahl vollständig auf einem Plakat in der Klasse zur Erinnerung und Anregung ausgehängt.

Gefahrenpotenzial und Handlungsmöglichkeiten: Die Themenplakate vermitteln manchmal nicht eindeutig genug, was genau sie darstellen. Deshalb macht es Sinn, als Lehrerin ein Beispiel für ein Themenplakat zu geben, das mit großer Schrift und gut sichtbaren Zeichnungen oder ausgeschnittenen Bildern arbeitet.

Die Kinder schreiben nicht selten etwas Nicht-Entzifferbares. Dann sollten sie ihr Thema mündlich erläutern. Die Lehrerin kann das Interessante per Nachfrage für alle ermitteln.

Kinder, die präsentieren, sprechen oft zu leise. Um dabei besser zuhören zu können, sitzen die Kinder entweder in einem Halbkreis auf dem Boden oder sie bilden mit Stühlen so genannte Kinoreihen vor der Tafel, um näher an den Vortragenden zu sein. Diese sollten ihr Plakat in die Mitte legen oder an die Tafel heften. Jeder neue Auftritt wird mit einer Glocke eingeleitet. Manchmal mögen Verständnisfragen auftreten. Diese sollten kurz zugelassen werden. Die Kinder können auf einem besonderen Vortragsstuhl sitzen.

Was tun, wenn keine Kinderplakate vorliegen? Dann zeichnet die Lehrerin zügig Strichzeichnungen in vorbereitete Kästchen für die Themenvorschläge an die Tafel, schreibt den Begriff dazu, der diktiert werden kann, wenn Zeit ist. Die Bilderrahmen werden durchgezählt und mit kleinen Kästchen für die abzugebenden Stimmen versehen.

Die Kinder, deren Themenvorschläge nur wenige oder gar keine Stimmen bekommen haben, sind traurig. Jeder Vorschlag wird gewürdigt, erhält einen Themenkasten und taucht in der Rangfolge auf. Auch wenn er in diesem Durchgang – wie viele andere auch – chancenlos ist, kann sich das Kind Gedanken machen, wie es beim nächsten Mal die Themenvorstellung so verbessert, dass die anderen von dem Wunschthema stärker eingenommen werden. Wie viele Themen man im Halbjahr schafft, hängt von den Themen ab. Je versierter die Kinder in der Themenbearbeitung und -vorstellung werden, desto größer die Chance, dass sie Themen ihrer Wahl auch individuell oder mit Partner etwa in Zeiten freier Arbeit bearbeiten.

Anfangs identifizieren sich nicht alle Kinder mit der Prioritätenliste, weil ihr Herz vielleicht für ein anderes Thema schlägt. Diese Reaktion ist verständlich. Aber die Erfahrung – auch der Kinder –, dass jedes Thema auf seine Weise interessant ist, mindert ihre Enttäuschung und lässt sie rasch mit der anderen Thematik Freund werden. Natürlich gibt es im anderen Kontext auch immer die Gelegenheit, dass Kinder – etwa als Teil des Wochenrituals – einmal Gelegenheit erhalten, über ein Thema ihrer Wahl einen Vortrag zu halten, auf den sie sich lange und intensiv in dafür möglichen Zeiten vorbereiten. Im Kontext der gemeinsam abgestimmten Themen ist es allerdings Teil des Rituals, sich an die demokratisch gefundene Reihenfolge zu halten. Wichtig ist es zu Beginn, die Stimmung der Kinder zum neuen Thema abzufragen (Ich freue mich ..., Ich weiß nicht so genau ...,) um ihre Widerstände ernst zu nehmen und ihnen am Ende mit einer Wiederholung des Meinungsbildes die Veränderungen zu dokumentieren.

Die Lehrerinnen und Lehrer haben nicht selten Themen, die sie für einen bestimmten Zeitpunkt für wichtig erachten oder die durch Lehrplan oder Kollegien gesetzt sind. Wenn die Behandlung bestimmter Themen im Schulhalbjahr absehbar ist, etwa weil sie im Kollegium abgestimmt sind, durch Jahreszeiten vorgegeben oder im Lehrplan schon festgeschrieben, dann sind diese Zeiten und Themen in der Halbjahresplanung der Klasse im Vorwege transparent zu machen, so die Zeiten für die Kinderwunschthemen gleichermaßen feststehen. Zudem kann die pädagogische Situation es erforderlich machen, etwa wegen zunehmender Aggression in der Klasse, einer schweren Krankheit, einer unerwarteten Exkursionsmöglichkeit etc., dass andere Themen vorgezogen werden müssen. Dies bleibt im Ermessen der Lehrerin möglich, sollte aber den Kindern gegenüber begründet werden, sodass sie sich in ihrer Mitbestimmung ernst genommen fühlen und auch in etwa wissen, wann es in ihrer Reihenfolge weitergeht.

Schuljahresende – Zeugnisse für die Lehrerinnen und Lehrer

Einsatz: Klassen 1 bis 4; Dauer: 3 Schulstunden, verteilt auf die letzten 3 Schulwochen

■ **Ablauf/Beschreibung**: In den letzten drei Schulwochen gibt es besondere Stunden, in denen die Schüler und Schülerinnen ihrerseits Zeugnisse
schreiben – nicht in Noten-, sondern in Berichtform – darüber, was der
Klassenlehrer/die Klassenlehrerin besonders gut gemacht hat, womit man
unzufrieden war und was in Zukunft besser werden sollte. Wichtig ist auch,
dass die Schüler es in diesen Bilanzierungsstunden schaffen, über sich
selbst und andere Lehrer etwas zu schreiben. Dafür erhalten sie in den letzten drei Wochen mindestens eine Stunde wöchentlich. Mit der feierlichen
Übergabe an die Lehrerin, die ihrerseits den Schülern ihr Zeugnis ausstellt,
erfährt dieses Ritual seinen natürlichen Abschluss.

■ **Ziel/Funktion/erwartete Wirkung**: Wenn die Kinder zur Schule kommen, wissen sie meistens kaum, warum es Zeugnisse gibt. Allerdings ist das
große Interesse der Eltern und Großeltern unübersehbar. Und auch die äl-
teren Geschwister und Nachbarkinder vermitteln die Bedeutung und Wich-
tigkeit. Die Funktion der ersten Berichtszeugnisse, die konkret-konstruktiv
bilanzieren und eine Lernperspektive aufzeigen, wird den Grundschulkindern am ehesten deutlich, wenn sie selbst in die Rolle von Zeugnisschrei-
bern schlüpfen: Was hat die Lehrerin gut gemacht, was hat sie nicht gut gemacht und welchen Verbesserungsvorschlag für die Zukunft kann man
formulieren. Selten erfährt man als Lehrerin mehr darüber, was bei den
verschiedenen Kinder als Haupteindruck haften blieb. Es ist immer auch
die Resonanz auf die spezifische Beziehung des Kindes zur eigenen Person.
Viele Kinder nehmen diese Aufgabe außerordentlich ernst. Die Zeugnisse
dokumentieren so Jahr für Jahr die Veränderungen der Beziehung zwischen Kind und Lehrerkraft. Sie stiften Ernsthaftigkeit, die für die Rezeption des eigenen Zeugnisses notwendig ist und neue Lernaufgaben eher ak-
zeptabel macht. Die Kinder können auch über sich selbst ein Zeugnis
schreiben oder Mitschülern solch ein schriftliches Feedback geben und Gelungenes und Verbesserungswürdiges so konkret wie möglich benennen.

■ **Ideen zur Initiierung**: Gemeinsam mit den Schülern werden mögliche
Beurteilungs- und Bewertungsaspekte mündlich zusammengetragen, die
die Kinder als wichtig erachten. Bei Bedarf können schwierige Begriffe auch
an die Tafel geschrieben werden. Dann haben die Kinder Anregungen genug, selbst einen Brief an die Lehrerin zu verfassen, Positives wie Verbesserungswürdiges konkret zu benennen und Wünsche an die Zukunft zu formulieren. Dies sollte möglichst in einem attraktiven, würdigen Formular
geschehen, vielleicht in der Klasse ausgehängt werden, wenn die Lehrerin
dies gestattet und das Interesse der anderen daran groß ist.

▓ **Gefahrenpotenzial und Handlungsmöglichkeiten**: In der ersten Klasse fällt es vielen Kindern schwer, etwas Lesbares zu verfassen. Einschätzende Begriffe, die die Kinder vorschlagen, können an der Tafel gesammelt werden. Auch lässt sich der Schreibprozess dadurch abkürzen bzw. entlasten, dass die Kinder mit Symbolen arbeiten + (Plus) und – (Minus) sowie *(Wünsche) und sich auf wenige charakteristische Worte beschränken.

Manche Kinder empfinden es vor allem als Last, sich Gedanken über die Lehrerin zu machen und diese auch zu Papier zu bringen. Erst wenn sie erfahren, dass ihr Urteil auch Wirkung hat, werden sie sich dieser Aufgabe energisch annehmen.

▓ **Varianten**: Ein Ziffernzeugnis auch für die Lehrer mit den eben charakterisierten Mängeln; ein von der Lehrerin verfasster Fragebogen mit variablen Antwortmöglichkeiten.

Rituale für die Grundschulzeit

Die **Einschulung einer ersten Klasse** ist wohl das pädagogisch Komplizierteste und Anspruchsvollste, was sich im Regelschulwesen als Aufgabe stellt. Denn hier wird der Boden bereitet, auf dem Einstellungen zum lebenslangen Lernen, zur Auseinandersetzung mit Fremden und Fehlern sowie zur Zusammenarbeit und gegenseitigen Unterstützung wachsen. Es gibt eine Fülle bewährter Beispiele, wie die Hürden des Schulanfangs fantasievoll und ermutigend zu meistern sind – vom gemeinsamen Treffen in der Schule mit Kindern und Erwachsenen lange vor der offiziellen Einschulung über attraktive Feiern und Feste am ersten Schultag und bis hin zur Erstbegegnung in der Klasse. Deshalb beginnt der folgende Abschnitt mit Ritualen für die Gestaltung der ersten Schulwochen. Es gilt, der überfordernden Anfangssituation den Schrecken nehmen, jedem Kind Referenz zu erweisen, um gegenseitiges Kennenlernen und rücksichtsvolles Zusammensein anzubahnen und Sicherheit im Umgang mit dem schulischen Umfeld, den Menschen sowie dem Gebäude zu stiften. Denn in der Perspektive der Kinder löst der Schulanfang neben Freude und Erwartung auch Angst vor dem Unbekannten aus, eine Angst, in der sie von den Eltern mit ihren unterschiedlich guten Erinnerungen häufig bestärkt werden. Das Thema „Schulanfang" ist komplex, seine Klärung braucht Zeit: Denn es geht um nicht weniger, als mit den vielen unterschiedlichen Persönlichkeiten, die die neue Gruppe bilden, Formen zum konstruktiven Umgang mit den anderen Mitschülern sowie neuen Aufgaben zu finden und zu stärken. Jeder Einzelne braucht seinen sicheren Platz inmitten der anderen, braucht verbindliche, abgesprochene Rahmungen für sich sowie Orientierung für ein angemessenes Verhalten in der Gruppe, braucht ein wachsendes Repertoire zur Bewältigung der vielen anstehenden sachlichen Aufgaben. Wenn dem rasch Rechnung getragen wird, weicht die Angst vor den vielen Fremden, und Interesse und Freundschaft verkommen nicht zu Aggression oder Schüchternheit.

Die Praxis etwa der Odenwaldschule, die Schulanfänger mit einem gemeinsamen Gang um das Schulgelände und durch das Gebäude in Empfang zu nehmen, um Grenzen zu zeigen, Orte für gemeinsame Aktivitäten vorzustellen und wichtige Anlaufstellen in der unmittelbaren Begegnung kennen zu lernen, ist sicherlich nicht auf alle Halbtagsgrundschulen übertragbar. Wohl aber können Patenklassen gemeinsam mit den Erstklässlern solch eine gemeinsame Begehung unternehmen, wird doch damit den neuen Schülern Referenz erwiesen, ihren Fragen Zeit eingeräumt und kompetente Erfahrung sowie konkrete Anschauung vermittelt, wie es nur Mitschüler können, die dadurch ihrerseits Verantwortung übernehmen und demonstrieren. Letztere bleiben wichtige Ansprechpartner und Helfer für Begegnungen der Erstklässler außerhalb der Klasse (im Treppenhaus oder in der Pause) und leisten damit persönlich einen Beitrag zum Vertrauensaufbau.

Als Persönlichkeit in der kleineren Gruppe der Klasse ernst genommen und akzeptiert zu werden ist das eine. Noch komplizierter wird es, einen sicheren Platz unter mehreren hundert anderen Kindern zu finden. Um sich mit ihrer Schule zu identifizieren, brauchen die Kinder die Gewissheit, nicht in der Anonymität der Masse zu verschwinden, sondern namentlich und persönlich bekannt zu sein und respektiert zu werden. Dieser Prozess kann etwa durch eine jährlich zu aktualisierende Fotowand mit allen Kindern und Lehrerinnen unterstützt werden. Damit wächst auch die Verbindlichkeit untereinander. Jeder kann Verantwortung für sich und die Gruppe übernehmen. Dies berührt nicht nur das gegenseitige Aufpassen und die Einhaltung eines „Schulvertrags", es gewinnt zusätzliche Solidität und Varianz dadurch, dass die Kinder Gestaltungschancen erhalten: Ihre Produkte verwandeln die Flure, vielleicht verändern Blumen oder Bäume, die sie zur Einschulung und zum Abschied als Klasse pflanzen, den Schulhof nachhaltig, wie umgekehrt die Grundschulzeit alle Kinder prägt. So hinterlassen sie für alle sichtbar und dauerhaft Spuren, was für die Identifikation mit der Schule und Gemeinschaft sehr wichtig ist und ihnen zudem Wege weist, sich verantwortungsbewusst und kreativ in die Ausgestaltung ihrer Schule einzubringen.

Die zweite große Hürde der Grundschulzeit ergibt sich aus dem **Wechsel auf eine weiterführende Schule**: Die vertraute Gruppe und ihre Rituale, die Lehrerin und ihr Lernarrangement sowie bekannte Räumlichkeiten werden verlassen und gegen etwas Neues, weitgehend Unbekanntes eingetauscht. Jede Trennung ist ein Abschied, ein Verlust an Sicherheit, auch wenn die Zeit davor nicht nur als angenehm empfunden wurde. Damit die Chancen von Aufbruchsstimmung und Neubeginn nicht vertan werden, setzt eine ritualisierte Auseinandersetzung und Begegnung mit der Schulfrage ein, die Sicherheit und Entscheidungskompetenz stiftet und so die anstehende Veränderung herausfordernd und attraktiv macht. Nicht zuletzt geht es zum Abschluss der Grundschulzeit darum, das Ende zu gestalten, Abschied zu nehmen von den Mitschülern, den Lehrerinnen und Lehrern, den Freunden aus anderen Klassen, den Klassenräumen und Fluren, dem Schulhof. Es bietet sich an, in ritualisierter Weise die Bilanz eines wichtigen Lebensabschnittes zu ziehen, innezuhalten und zu schauen, welche Fäden man aufnehmen möchte und welche Spuren man hinterlässt.

In der Schule ankommen – vom Schulanfänger zum Erstklässler

▨ **Einsatz**: Klasse 1; Dauer: vom ersten Tag an bis zum Ende der zweiten Schulwoche, nach Bedarf verlängerbar

▨ **Ablauf/Beschreibung**: Jeder Schulvormittag der ersten zwei Schulwochen ist in vier unterschiedlich lange Teile geteilt: Er beginnt mit einer gemeinsamen Aktivität, einem Lied und Spiel sowie täglich wachsenden Angaben über Regeln für das Zusammensein. Danach erhalten die Kinder Gelegenheit, ihre persönlichen Vorlieben, Interessen und Fähigkeiten sowie ihre private Geschichte in einem wachsenden *Ich-Buch* zu dokumentieren. Die dritte Sequenz wird durch persönliche Paten aus einer höheren Klasse gefüllt, die mit dem Schulgebäude, wichtigen Personen und Regelungen für den Schulhof vertraut machen. Zum Abschluss treffen alle in der Klasse zusammen, tauschen kurz wichtige Erfahrungen aus, präsentieren ihre neuen Ich-Buch-Seiten, bevor sie nach einem gemeinsamen Spiel und Lied auseinander gehen.

▨ **Funktion/Ziele/erwartete Wirkung**: Die Überforderung in der Anfangssituation wird durch die ritualisierte Aufteilung und die Konzentration auf das Wesentliche reduziert und leichter zu bewältigen: Die Gruppe der Kinder (Wir) wird ebenso bedient wie jedes einzelne Kind, das dazugehört (Ich), und das Thema des Anfangs – die Schule als gesellschaftliche

Institution und Haus des Lernens (Es) – ist Gegenstand der meisten Aktivitäten und Inhalte, mit denen sich die Kinder beschäftigen.

Die gemeinsamen Aktivitäten sind attraktiv, benötigen für ihren Erfolg ein regelhaftes Verhalten und wachsen mit dem Zusammenhalt der Gruppe. Sie nutzen im Spiel positiv erlebte Gruppenerfahrungen für den gemeinsamen, sukzessiven Aufbau von Klassenregeln.

Das *Ich-Buch* eröffnet die Möglichkeit, sich selbst mit seiner persönlichen Geschichte und Vorlieben vorzustellen, seine Fähigkeiten und Interessen einzubringen und es auch für das genauere Kennenlernen und Freundefinden zu nutzen. Wichtige Symbole schriftlichen Arbeitens werden bei dieser Gelegenheit ritualisiert, erste schulische Aufgaben münden in einen Erfolg, der in der Klasse sowie auch zu Hause gewürdigt wird.

Das Patensystem mit einer höheren Klasse knüpft persönliche Bezüge über die Klasse hinaus. Es stiftet Vertrauen, unterstützt die Selbstständigkeit sowie die gegenseitige Verantwortung der Kinder. Es individualisiert den Einstieg und personalisiert ihn, auf dass die Hürden des Beginns überwindbar werden. Von Zweitklässlern oder Viertklässlern über die Regelungen des Schulalltags informiert zu werden, ist leichter zu verstehen.

■ **Ideen zur Initiierung**: Es gibt verschiedene Möglichkeiten, den Schulbeginn zu gestalten:

● **Wir sind eine neue Klasse…**

Der Tagesstart setzt sich aus folgenden Teilen zusammen: einer Begrüßung, einem Lied, einem gemeinsamen Spiel (etwa zum Kennenlernen oder als Wahrnehmungsübung), ggf. einer Verabredung und Übung zu einer neuen Regel oder einer Aufgabe für die Klasse.

Begrüßung: Guten Morgen, liebe Kinder der Klasse … Ein Kind nach dem anderen könnte einen besonderen Guten-Morgen-Gruß vorstellen, sodass alle gemeinsam viele Möglichkeiten kennen lernen, aus denen man auswählen kann, um die ritualisierte Begrüßung variabel zu gestalten.

Als **Anfangslied** bietet sich etwa das Lied „Es gibt Lieder über Hunde …" an, weil es die Bedeutung des Einzelnen unterstreicht, von einfacher Melodie ist und leicht durch selbstgedichtete Strophen über die Klasse oder Schule ergänzt werden kann.

Als **Kennlernspiel** bietet sich etwa ein verändertes „Kofferpacken"-Spiel an, wo alle Namen der Kinder trainiert und „eingepackt" werden, oder Kreisspiele „Wer wie ich … mag", bei dem ein Stuhl zu wenig ist und folglich immer ein anderer in der Mitte als Ausrufer steht und z. B. fragt: „Wer wie ich auch gerne Kirschen mag, der muss jetzt seinen Platz wechseln!" Manche Spiele zum Schulschluss sind auf dem Schulhof leichter zu spielen als in der Klasse.

Die erste **Verabredung und Übung** kann einem Ruhezeichen gelten – z. B. einem Regenrohr oder einer Kellnerklingel, bei deren Ausklingen für kurze Zeit alle still sind.

Für die weiteren Tage bieten sich hier folgende Verabredungen und Übungen an:

- Jeder erhält eine Wäscheklammer, versieht sie mit seinem Namen, verschönert sie, wodurch sie sich in eine Ich-brauche-Hilfe-Klammer verwandelt, die, an eine schöne Kordel gehängt, der Lehrerin die Reihenfolge der nachgefragten individuellen Unterstützung anzeigt.

- Auf die Plätze, fertig, los – das gemeinsam laut gerufene Startzeichen, das in Stille und Aufmerksamkeit mündet, wenn die Lehrerin wichtige Ansagen machen möchte.

- Wie lange schaffen wir es, unhörbar zu sein? Eine Uhr mit Sekundenzeigern läuft nach der Glocke so lange, bis Geräusche zu vernehmen sind. Die Kinder können zum besseren Hören sogar die Augen schließen. Ein kurzer Austausch über das in der Stille von außen Vernommene findet danach mit allen statt.

- Eine erste Klasse auf dem Weg zur Stille-Minute – eine Konzentrationsübung mit allen und eine Vorübung für künftige kleine Rätsel- und Fantasiereisen.

Spielerische Vorübungen zum Melden, Warten, Aufgerufenwerden und Reden, verknüpft mit dem **Meldezeichen**: Mit Hilfe eines Kassettenrekorders werden die Vorübungen aufgezeichnet und im Anschluss abgehört. Alle reden miteinander, unterhalten sich zu zweit oder in der Gruppe über das vorgegebene Thema, das auf der nächsten Ich-Buch-Seite auf sie wartet. Bei Glockenzeichen sollen die Gespräche verstummen, das Meldezeichen (ein erhobener Arm) wird ausgehängt und ein Kind nach dem anderen zu kurzen Beiträgen aufgerufen – allerdings nur die Kinder, die sich melden. Wie viele Meldungen und Beiträge man schafft, ohne dass andere dazwischenreden, wird in einem speziellen Redekästchen der Klasse dokumentiert und bei neuen Rekordzahlen entsprechend verändert.

Ein **Sitzkreis** entsteht, wenn das Kreissymbol an der Tafel erscheint. Wie lange es dauert, wie leise es geht, wird den Kindern durch konkrete Zeitnahme und Kassettenaufnahme gespiegelt und ihnen so lange mitgeteilt, bis sie die Umsetzung beherrschen.

Von Anfang an gestalten die Erstklässler die **Räumlichkeiten** mit, stellen ihre Werke in der Klasse und auf dem Flur aus. Damit wird der Grundstein dazu gelegt, sich mit Klasse und Schule zu identifizieren und persön-

lich für die Verschönerung des Klassenraums Verantwortung zu übernehmen.

Viele kleine, **überschaubare Aufgaben** wie der Putzdienst, das Blumen-
gießen, der Tafeldienst, die Ordnung von Sitz- und Leseecke, Spiel- oder
Bauecke sind begehrt und schon von Schulanfängern im raschen Wechsel
zu übernehmen.

● Das Ich-Buch

Bereits am ersten Schultag liegt die erste Seite ihres Ich-Buches auf einem
Platz, in schöner Druckschrift mit ihrem Namensschild versehen. Fast alle
Kinder können ihre Vornamen lesen. Sie identifizieren sich damit, sind
stolz darauf, es den anderen vorlesen zu können, prägen sich das Schrift-
bild ein und können auch den anderen ihren Namen in seinen Buchstaben
zeigen. Am besten erhält ein jedes Kind zudem einen Sticker mit seinem
Vornamen, wodurch auch die Lehrerinnen und Mitschüler es gleich persönlich ansprechen können. Ihre Namensschilder nutzen sie für den Platz,
die Klassentür und für das Selbstporträt sowie Klassengeschichten.

Ihren Vornamen sollen sie in eine **Namenswolke** schreiben, das erste
Symbol, das sie am ersten Tag kennen lernen. Eine Wolke, Symbol für
Leichtigkeit, Schwung und über den Dingen Schweben, ein ästhetisches
Ausdrucksmittel, das die Blätter verschönert und von allen „gekonnt" wird,
bewirkt ohne weitere Worte schon nach kurzer Zeit bei allen Kindern, dass
sie den eigenen Vornamen dort hineinschreiben. Diese Namenswolke wird
sie durch die gesamte Grundschulzeit begleiten. Sie signalisiert die persön-
liche Inbesitznahme eines Blattes, Buches, Briefes oder einer Zeichnung.
Dadurch wächst die Verantwortung der Verfasser für ihr Produkt, denn ihr
Werk wird auch für die anderen stets mit ihnen verbunden sein. Neben einer durch Verbindlichkeit stimulierten Leistungsbereitschaft steigen die
Chancen zur unmittelbaren persönlichen Würdigung durch die anderen.
Unter der Namenswolke wartet ein leerer Bilderrahmen auf ein erstes
Selbstporträt. Alle Bilder werden an der Wand ausgehängt. Zum Schluss
entstehen drei Klassenfotos: eins mit lachenden Gesichtern, eins mit neu-
tralen und das dritte mit wütenden oder traurigen Gesichtsausdrücken.

Am zweiten Schultag wird das Blatt selbst mit Namenswolke versehen.
Kinder, die ihren Vornamen noch nicht schreiben können, nutzen das schöne Namensschild zum Abschreiben bzw. Abmalen. Vier Bilderrahmen sind
zu gestalten: einer für das Lieblingstier, einer für das Lieblingsspielzeug,
ein leerer Teller für das Lieblingsessen und einer für die Lieblingssportart.
Nach Fertigstellung werden sie an „Unserer Lieblingswand" ausgestellt.
Zum Abschluss wird von jedem Kind ein Porträtfoto gemacht.

Der dritte Tag und mithin die dritte Seite des Ich-Buches ist der Klasse gewidmet, denn jedes Kind erhält eine Kopie (oder einen Abzug) mit den drei Stimmungen der Klasse, den drei unterschiedlichen Gesichtsausdrücken vom Einschulungstag. Diese Bilder klebt es auf die Seite, nachdem die Seite mit der Seitenzahl 3 , der Namenswolke und dem Vornamen sowie der Klassenbezeichnung versehen wurde. An seinem Tisch kann man die Nachbarn bitten, ihre Namen dazuzuschreiben.

Der vierte Tag richtet das Augenmerk auf die Nachbarschaft. Jedes Kind erhält sein eigenes (kopiertes) Foto sowie jene seiner Tischnachbarn. Ihre Namen werden trainiert, abgeschrieben oder von ihnen selbst geschrieben, dazu entsteht vielleicht ein Bild von der Klasse.

Am fünften Tag ist nach Namenswolke, Datum, Seitenzahl die eigene Hand das Thema – eine Hand, die mit schönen Dingen zu füllen ist, Dingen, die man gern hat und mit denen man sich stark fühlt. Zum Wochenende werden die ersten vier Seiten abgenommen und in den selbst gefertigten Buchumschlag gesteckt, der gleichermaßen mit Namenswolke geschmückt und wieder erkennbar ist.

Weitere Seiten der kommenden Woche können sein: Kopien von Fotos von wichtigen Schulpersonen mit Namen; ein Bild vom Paten und sein Name und die Telefonnummer; eine Seite mit allen Porträtfotos mit allen Kindern und ihren Telefonnummern, eine Seite mit einem Foto des Kindes vor seiner Haustür, gemacht anlässlich einer begleiteten Exkursion zum Thema: „Wo wir wohnen" und auf der letzten Seite erscheinen einige jener Bilder, die das Zusammensein erleichtern, Ausdruck von **Verabredungen und Resonanzen** sind, etwa die verschiedenen Smileys zur Bewertung der eigenen Mitarbeit, der Stunde, des Themas oder der Lehrerin; oder die Zeichen zum Zuhören, Sichmelden und Esseneinstellen; das Kreiszeichen, um einen Sitzkreis zu bilden, das Buch zum Vorlesen, der Stift zum Schreiben, das Haus für die Hausaufgaben.

● Das Patensystem

Mit Kolleginnen und Kindern der höheren Klassen wird verabredet, dass sie sich in der ersten Schulwoche täglich für knapp eine Unterrichtsstunde um jeweils einen Erstklässler persönlich kümmern sollen. Zur Vorbereitung auf diese wichtige Aufgabe gibt es einige Übungen mit den künftigen Paten, die ihnen zeigen, wie sie sich im Gebäude und auf dem Schulhof verantwortungsbewusst verhalten und zu zweit bewegen. Es werden darüber hinaus verbindliche Programmpunkte verabredet, die die Paten zu erledigen haben, wobei die Reihenfolge frei steht. Des Weiteren sind es die Fragen und Interessen ihres jeweiligen Erstklässlers, die ihre Zeit füllen. Bereits am zweiten Schultag kommt es zum Patentreffen und -aussuchen sowie einer kurzen Unternehmung unter vier Augen, wenn die Zeit noch reicht. An den nächsten Tagen wird der Zeitrahmen allerdings voll ausgeschöpft. Wenn es möglich ist, können die Paten auch am gemeinsamen Abschied teilnehmen. Auf jeden Fall sind sie zum gemeinsamen Klassenfest eingeladen. Die Paten zeigen, wo die Schulsekretärin und der Hausmeister zu treffen sind, wo sich die Toiletten befinden und wie man sich dort verhält, wo es Getränke in den Pausen gibt, wo der Schulleiter sitzt, wo der Musikraum oder die Aula sind, wo der Eingang zur Turnhalle ist und wo man Pausengeräte ausleihen kann. In der zweiten Woche können dann gemeinsame Unternehmungen in das nähere Schulumfeld unternommen werden, zu Spielplätzen der Nachbarschaft oder ins Wohngebiet der Kinder.

● **Zum Abschluss des Schultags**

Das gemeinsame Zusammentreffen zum Schultagsschluss beinhaltet: ein gemeinsames Spiel zu Beginn, die Tagesfrage (Was war für mich heute das Schönste/Interessanteste? Was habe ich heute Neues herausgefunden? Dafür möchte ich gern zuständig sein …), das Lied und die gemeinsame oder persönliche Verabschiedung.

● **Das Klassenfest zum Abschluss der zwei Ankommwochen**

Zusammen mit allen Kindern, Lehrerinnen, Paten und den Familienangehörigen finden die Ankommens- und Kennlernwochen ihren feierlichen Abschluss – mit Büffet und Spielen am Nachmittag auf einem schönen Spielplatz oder dem Schulhof.

Den Schulwechsel ritualisiert vorbereiten

▨ **Einsatz**: Klasse 4; Dauer: in den 4 Wochen vor den Herbstferien mit mindestens 4 Projekttagen

▨ **Ablauf/Beschreibung**: Am ersten Projekttag geht es um ein Nachdenken über bisherige Schulerfahrungen und die Klärung eigener Ziele. Gemeinsam werden Fragen an die Eltern und ihre Schulzeit formuliert. Die Interviews werden von der Klasse ausgewertet und dienen der Vorbereitung des zweiten Projekttages, etwa einem Ausflug in ein Schulmuseum, wo die Kinder mit dem schulischem Alltag von vor 100 Jahren konfrontiert werden. In Vorbereitung auf den dritten Projekttag wenden sich die Schüler an die Schulleitungen weiterführender Schulen im Umkreis mit der Bitte um einen Besuchstermin in einer fünften Klasse. Darüber hinaus sammeln sie gemeinsam Fragen, die sie den Fünftklässlern über deren Erfahrungen stellen wollen. In kleinen Gruppen besuchen die Viertklässler verschiedene Schulen, informieren sich über das Gebäude und interviewen die Fünftklässler. Die Ergebnisse werden am vierten Projekttag vorgestellt, dokumentiert und füllen das Buch zum Schulwechsel, das jeder zum Abschluss in den Händen hält.

■ **Ziel/Funktion/erwartete Wirkung**: Alle Viertklässler bedenken realistisch ihren Lernstand, ihr Arbeits- und Sozialverhalten. Sie präzisieren ihr künftiges schulisches Engagement und erhalten so eine klarere Entscheidungsgrundlage. Indem sie danach ihre Eltern zu deren Erfahrungen rund um den Schulwechsel befragen, entsteht eine gleichberechtigtere Gesprächsgrundlage. Außerdem trainieren sie damit das Interviewen und Festhalten der Ergebnisse für spätere Gelegenheiten im geschützten Rahmen. Ähnlichkeiten und Veränderungen von Schulalltag werden durch die Erfahrungen im Schulmuseum noch unterstrichen und damit zugleich die Wandlungsfähigkeit betont. Die Entscheidungsfähigkeit wird schließlich durch Interessengruppen gefordert und gefördert, nach denen sie in den weiterführenden Schulen der Umgebung Gespräche mit Fünftklässlern führen und Erkundigungen über die alltägliche Schulgestaltung einholen. Die Fünftklässler sind Experten des Übergangs und Wechsels und können aus Schülerperspektive wichtige Erfahrungen weitergeben. Mit der Präsentation und Zusammenführung aller Ergebnisse in der Klasse erhält jedes Kind eine ausgewogene, präzise und realistische Entscheidungsgrundlage, um gemeinsam mit den Eltern die am besten geeignete Schule auszusuchen und weder den Werbekampagnen der weiterführenden zum Opfer zu fallen noch die eigene Leistungsfähigkeit zu überschätzen. Ihre Lernbereitschaft wird auf jeden Fall mit den konkretisierten Anforderungen der weiterführenden Schulen wachsen.

■ **Ideen zur Initiierung**: Beginnen sollte alles mit einer gemeinsamen *Traumreise durch die Grundschulzeit*. Diese Traumreise, die neben den Erinnerungen an Erfolge und Misserfolge auch die Aufmerksamkeit auf das Neue und die eigenen Lernbedürfnisse richtet ist kaum länger als zehn Minuten und setzt freiwillige Teilnahme voraus. Stille und Entspannung sind angemessen. Bei der Konzeption der Traumreise ist neben besonderen Ereignissen und Vorfällen auch an den Schulanfang zu erinnern, da für die anstehende Übergangsphase eine emotionale Parallelität besteht: Angst und Unsicherheit vor dem Neuen und Unbekannten. Die Ängste vor dem Schulanfang sind verschwunden, sie sind Sicherheit und Souveränität gewichen.

An diese Erfahrung gilt es anzuknüpfen, um Ängste zu nehmen und Transfers zu ermöglichen. Langsam und mit Pausen zur Fantasiebildung könnten folgende Wörter vorgetragen werden:

Vor drei Jahren – Einschulung – Aufregung – Die Schule ist so groß. – Ist die Lehrerin nett? – All die fremden Kinder – Allein sein – Schultüte – Geschenke – Merkwürdige Gerüche und Geräusche – Mädchen – Jungen – Meinen Platz finden – Toiletten – Gedränge im Treppenhaus – Kantine – Spiele in der Pause – Streit – Tränen – Schaff ich alles? – Mit dem Füller schreiben – Tafel – Das Quietschen der Kreide – Ausflüge – Klassenreisen – Hefte – Schulranzen – Federtasche – Frühstück – Geburtstag – Bücher – (hier behandelte wichtige Themen und Ereignisse aus den letzten drei Jahren einflechten) Arbeiten – Noten – Zeugnisse – Fehler – Sprechtage – Ich habe viel gelernt. – Wo stehe ich jetzt? Was kann ich am besten? – Lesen – Schreiben – Zeichnen – Singen – Rechnen – Sport – Zuhören – Regeln einhalten – Prüfen – Helfen – Etwas Schönes herstellen – Ich bin hilfsbereit. – Ich kann Hilfe anderer annehmen. – Bei Unzufriedenheit kann ich das sagen. – Zensuren – Fehler – Mein Platz – Wo bin ich sicher? – Ich bin gern mit den anderen zusammen. – Ich habe einen Freund, eine Freundin gefunden. – Ich schaffe die Arbeiten. – Ich frage nach. – Mögen die anderen mich? – Ich bin wichtig für die Klasse. – Ich kann mich konzentrieren. – Ich halte durch, auch wenn es schwierig wird. – Ich will noch viel mehr lernen. – Hausaufgaben erledige ich. – Ich gehe den Dingen auf den Grund. - Ich suche und finde Informationen und werte sie aus. – Mit einem Partner arbeite ich zusammen. – In der Gruppe finde ich meinen Platz. – Schule ist wie ein ... – Meine Wünsche an die neue Schule ...

Im Anschluss an diese Traumreise geht es um die Selbstreflexion, die auch mit Hilfe eines Fragebogens erleichtert werden kann, der einen realistischen Blick auf die eigenen Fähigkeiten, den Einsatz und die Lernbereitschaft sowie die sozialen Kompetenzen fordert und durch seine schriftliche Form so etwas wie ein Selbstzeugnis wird. Dies ist das erste Dokument, das das von jedem zu erstellende Buch zum Schulwechsel füllt.

Für das *Interview mit den Eltern* werden in den Tischgruppen Fragen gemeinsam entwickelt und auf dem Overheadprojektor gesammelt, um gleich als Fragebogen notiert kopierbar zu sein. Es ist interessant, was die Kinder alles über die Schulzeit der Eltern wissen möchten. Besondere Aufmerksamkeit verdient auch die Frage danach, wie die Eltern den Übergang von einer Schule zur anderen erlebt haben. Wie wurde die Wahl für die weiterführende Schule getroffen? Wie hast du dich dort gefühlt? Was hast du vermisst? Was hat dir besonders gut gefallen? Welche Erinnerungen hast du noch an die ersten Wochen in der neuen Schule? Diese Aspekte müssten ergänzt werden. Mit diesem Fragebogen wenden sich die Kinder an ihre Eltern und halten die Antworten schriftlich fest. Oftmals erleben die Kinder so zum ersten Mal, wie sich die Eltern ihren Fragen stellen und Erlebnisse aus der Schulzeit weitergeben. Sie erfahren Dinge, die noch nie Thema waren. Die Basis für einen selbstbewussten, gleichberechtigten Dialog ist geschaffen. Die Ernsthaftigkeit, die dadurch in der Familie entstehen kann, teilt sich auch der Klasse mit, stiftet Verbindlichkeit: Das Zusammentragen der Ergebnisse erweitert den Horizont aller über Schule, Lernen und Regeln.

Der *Gang ins Schulmuseum* öffnet die Augen für die Andersartigkeit von Schule früher. Rollenspiele, Drill, Gleichförmigkeit, Angst und Strafe nachempfinden lassen, sind eine sinnvolle Einstimmung auf den Wandel von Schule, auch auf die persönliche Zukunft bezogen. In einer der nächsten Stunde schreiben alle Kinder ihre Fragen an die Fünftklässler, die dortigen Lehrer, Schulleiter oder Hausmeister auf Zettel. An der Tafel gesammelt und gemeinsam zu Fragenkomplexen geordnet, entsteht daraus ein Fragebogen, auf dem die Antworten zu protokollieren sind, sofern kein Kassettenrekorder zur Verfügung steht. Die Gruppen sollten aus höchstens acht Kindern bestehen. Bei offensichtlicher Fehleinschätzung der Wunschschule ist Beratung hilfreich, sollte aber nicht unbedingt den Ausschlag geben.

Die Klassenlehrerinnen und -lehrer der fünften Klassen werden zu Schuljahresbeginn über das Ritual informiert und um Unterstützung gebeten. Wenn sie kooperieren, werden sie detailliert über den Vorlauf und die vorausgegangenen Reflexionsprozesse in Kenntnis gesetzt werden. Die Fünftklässler, die gerade hautnah erleben, was es heißt, in eine neue Schule zu kommen und sich in einer Klasse mit vielen neuen Lehrern und Fächern zurechtzufinden, fungieren als Experten für Schulwechsel. Aufgrund ihrer Erfahrung können sie die Viertklässler blendend beraten: Sie wissen, wovon sie sprechen. Sie können sich der Aufmerksamkeit der Interviewer sicher sein. Das Zusammentreffen sollte in Gegenwart des dortigen Klassenlehrers sowie eines Erwachsenen für die Gruppe der Viertklässler stattfinden. Der Austausch gibt den Kindern wichtige Hinweise, die künftigen Anforderungen realistisch einzuschätzen. Die befragten Fünftklässler sind stolz, dass sie den Übergang geschafft haben und dass sich andere dafür interessieren und von ihren Erfahrungen profitieren wollen. Hinzu kommt, dass sie bei dieser Gelegenheit Dinge über ihr Klassenleben erfahren, die vordem vielleicht kein systematisches Thema waren, etwa wie viele Arbeiten sie noch schreiben, ob sie auf Klassenreise gehen, welche Regeln bei welchem Lehrer oder welcher Lehrerin gelten, welche Lehrer wie bestrafen ... Ergänzend zu dieser Begegnung können die Fünftklässler auch die vierten Klassen ihrer alten Grundschule besuchen, um Tipps zum Lernen und zur besseren Vorbereitung auf den Schulwechsel zu geben. Der unmittelbare Erfahrungsaustausch ist aber nur der eine Zweck der Exkursion in die fremde Schule. Die äußeren Rahmenbedingungen, der Schulhof, die Klassengestaltung, die Kantine werden angeschaut und fotografisch festgehalten, ein visueller Beitrag zur gemeinsamen Dokumentation. Die Schülergruppen benötigen eine Begleitung, die ihnen hilft, die Verantwortlichen an der fremden Schule zu finden, Türen zu öffnen und auch die Gesprächsrunde selbst zu leiten. Im Plenum geht es am vierten Projekttag darum, alle Erfahrungen auszutauschen. Vielleicht wurden sogar Videos von den Gesprächen mit den fünften Klassen gemacht, die gemeinsam angeschaut werden. Ansonsten dienen Protokolle und Berichte dazu, den Transfer zu sichern und dadurch den Entscheidungshorizont aller zu erweitern. In den folgenden Stunden erstellen die Kinder, die sich vielleicht in künftigen Gruppen zusammenfinden, Themenplakate zu folgenden Komplexen: Das kann ich alles schon und bringe es in die neue Klasse mit. So sieht meine Traumschule und mein Traumschulstundenplan aus. Diese Regeln gelten dort. Es ist sinnvoll, zu diesem Thema ein kleines Buch mit allen Gruppen zu produzieren, einen Leitfaden zum Schulwechsel, in das Ergebnisse, Fotos und Wünsche für die Zukunft einfließen können. Dieses Werk böte eine solide Basis für die anstehenden Entscheidungen und den Dialog mit den Eltern. Darüber hinaus schlägt es mit Bilanz und Perspektive den Bogen und dokumentiert Übergänge. Es ist auch als ein Geschenk geeignet, mit dem man sich bei den Fünftklässlern bedankt.

Vor den Herbstferien findet dieses Ritual zum Übergang sein Ende. So kann der Kopf wird wieder frei werden für die noch verbleibenden Aufgaben und zu nutzende Zeit in der vierten Klasse. Aber die Entscheidung über die Schulwahl reift. Es bleibt Zeit zum Abwägen; Zeit, die Schulen anzuschauen und mit den Eltern gemeinsam zu beraten und nach reiflicher, abgewogener Überlegung zu entscheiden.

▨ **Gefahrenpotenzial und Handlungsmöglichkeiten**: Kinder neigen dazu, sich an den Wünschen ihrer Freundinnen oder Freunde zu orientieren. Aber je besser die Kinder über die anderen Schulen informiert sind, desto weniger sind sie von außen zu beeinflussen. Auch die anfängliche Selbsteinschätzung trägt dazu bei, dass sachliche Gesichtspunkte in den Vordergrund rücken. Die Begegnung mit den Fünftklässlern wird ihnen offenbart haben, dass richtige Freundschaften auch unterschiedliche Schulen verkraften und überdauern und neue Freunde auch dort zu finden sind.

Die Eltern verfolgen ihre Ziele, ohne auf die Ansichten der Kinder einzugehen. Auch für die meisten Eltern ist dieses Ritual eine Novität. Es ist ungewohnt, von den eigenen Kindern interviewt zu werden. Auf der anderen Seite spüren sie sofort die dadurch erzeugte Verbindlichkeit und die große Chance, mit dem eigenen Kind in einen Dialog über Schule gestern, heute und morgen einzutreten. Sie selbst werden auf den Boden der Tatsachen gestellt und die Gefahr reduziert sich, dass sie all ihre unerfüllten Wünsche in die Zukunft und Schulkarriere ihres Kindes projizieren.

Es erweist sich bisweilen als schwierig, Kollegen der weiterführenden Schulen zu finden, die bereit zum Dialog sind. Die Sekundarschulen haben Interesse daran, die Kooperation mit den „abgebenden" Grundschulen zu verbessern und die Lernvoraussetzungen, Kompetenzen und Interessen der künftigen Schüler genauer kennen zu lernen. Dies zu arrangieren, zu institutionalisieren und ein Ritual der Begegnung daraus entstehen zu lassen, erleichtert und strukturiert diesen Dialog zum gegenseitigen Gewinn. Insofern wird sich immer jemand finden, der den Kindern die Klassentür öffnet und sich ihren Fragen stellt, auch wenn die Fünftklässler – so ernsthaft um ihre Meinung befragt – sich kritisch äußern mögen.

Ein Ritual zum Abschied von der Grundschule

▓ **Einsatz**: Klasse 4; Dauer: 2 bis 3 Schultage im letzten Schulmonat; Klassenunterricht

▓ **Ablauf/Beschreibung**: Alle Kinder bringen wichtige Erinnerungsstücke aus den vier Schuljahren mit: Fotos, Selbstgemachtes, Klassenzeitungen. Der *Rote Faden* (s. S. 38–40) wird zur Einstimmung der gemeinsamen Erinnerungsarbeit verlesen und danach auf die in den Klassenecken entstehenden Jahrgangserinnerungstische verteilt. In vier festen Gruppen wandern die Kinder dann durch die vier Jahre an die Tische, tauschen sich aus, regen sich an, immer auf der Suche nach für sie wichtigen Erlebnissen, die besonders viel Mut machten oder besonders traurig oder witzig waren. Auf einem so dreigeteilten Schmuckblatt für jedes Schuljahr, das an der jeweiligen Schuljahrsstation auf sie wartet, halten sie für sich diese neu geweckten wichtigen Erinnerungen fest. Nach Abschluss dieses Gangs durch ihre Grundschulzeit liegen ihre Schmuckblätter wie in einer Ausstellung noch an den Jahrgangstischen aus, bevor sie für alle nach Klassenstufen geordnet und abgetippt Teil des Abschiedsbuches werden. Wie zu Schulbeginn werden drei Klassenfotos gemacht: eins mit einem fröhlichen Gesicht – in Vorfreude auf das Neue –, eins mit einem eher traurigen Gesicht – für die Trennung von etwas, was man gern gehabt und lieb gewonnen hat –, und eins mit einem verrückten, witzigen Gesichtsausdruck oder einer Grimasse. Diese Fotos wandern gleichermaßen in das Abschiedsbuch und werden noch um persönliche Porträtfotos ergänzt. Auf einem großen Packpapierbogen werden dann alle Assoziationen zusammengetragen, was eine gute Lehrerin oder einen guten Lehrer ausmache. Dieses **Cluster** wird zur Dokumentation fotografiert und als Buchseite für alle kopiert. Danach beantworten sie einen Fragebogen zu verschiedenen Aspekten ihrer schulischen Zukunft – etwa mit folgenden Fragen:

● Freust du dich, wenn ja, worauf am meisten?
● Hast du Angst, wenn ja, wovor am meisten?
● Welche Schule hast du gewählt und aus welchen Gründen?
● Welches sind deine Wünsche an die neue Schule und Klasse?
● Was willst du vor allem in der neuen Schule lernen?
● In welchen Fächern hast du besonders gern und erfolgreich gelernt?
● Was ist derzeit dein Berufswunsch?
Dein Tipp für die Lehrerin:
● Welche Ideen hast du, unsere Grundschule zu verbessern?

Ihr persönlicher Fragebogen wird Teil ihres Buches. Die Ergebnisse aller werden zusammengetragen, diskutiert und für alle dokumentiert. Der nächste Schritt betrifft die Gestaltung des Abschieds von den anderen Grundschulkindern und den Lehrerinnen. Sie überlegen und entscheiden gemeinsam, etwa ob sie persönlich in die Klassen gehen, vielleicht eine Aufführung für alle Kinder in der Aula anbieten, einen Riesenbrief verfassen, der im Schulflur aushängt, mit ihren Unterschriften und Fotos versehen, oder ob sie etwas Bleibendes hinterlassen, ein Gemälde auf dem Schulhof, im Schulflur oder eine Pflanze der Erinnerung im Schulgarten. Zu guter Letzt verfassen sie nach einer kleinen Fantasiereise in das Land der vielen Fähigkeiten, die sie alle auf unterschiedliche Weise besitzen, einen Mutmachbrief an sich selbst, den wir aufbewahren und ihnen vor den nächsten Herbstferien zuschicken, wenn sie die ersten Wochen in der neuen Schule und Klasse überstanden haben.

■ **Ziele/Funktion/erwartete Wirkung**: Die Viertklässler erhalten über die traditionellen Abschiedsfeste hinaus durch dieses Abschiedsritual Gelegenheit, individuell und gemeinsam über ihre Veränderungen und ihre konkreten Fortschritte in den vier Jahren nachzudenken und diese zu dokumentieren. Ihre persönliche Bilanz wird ihre Mutmachbriefe prägen, in denen sie sich selbst ihre Kompetenzen, Chancen und Aufgaben vor Augen führen. Damit reduzieren sich übertriebene Ängste, es wächst das Selbstvertrauen. Sie schärfen darüber hinaus ihre Kriterien, nicht nur gegenüber sich selbst, sondern auch gegenüber den Lehrerinnen sowie der Unterrichtsgestaltung. Sie präzisieren ihre persönlichen Ziele, machen sich ihre fachlichen Wünsche deutlich und äußern ihre positiven wie negativen Gefühle in der Gruppe. Sie nehmen als Gruppe offiziell und öffentlich Abschied von der Schule, von all den anderen Kindern, vom Kollegium, dem Hausmeister und der Sekretärin. Ihr gemeinsames Buch dokumentiert für alle die gemeinsame Grundschulzeit.

■ **Ideen zur Initiierung**: Alle Kinder sind aufgefordert, zu Hause nach Fotos, Büchern zu suchen, die sie an ihre vier Grundschuljahre erinnern und die für sie besonders wichtig waren. Diese Gegenstände stellen sie am nächsten Tag kurz vor und verteilen sie auf die passenden Erinnerungstische in den vier Ecken, die jeweils eine Klassenstufe symbolisieren (Klasse 1, Klasse 2 ...). Auf diesen Tischen liegen ferner Schmuckblätter in DIN-A4-Format, auf die sie besonders schöne, Mut machende, eher traurige oder besonders witzige Erinnerungen für sich eintragen, wenn sie sich an der Station befinden. Vielleicht hat die Klasse das Ritual des *Roten Fadens* praktiziert (vgl. S. 38–40), dann ist jetzt der Zeitpunkt gekommen, zurückzureisen zu seinen täglichen Angaben. Das dauert allerdings recht lange und setzt viel Konzentrationsfähigkeit voraus. Vielleicht ist es in diesem Falle angemessener, sich pro Tag mit nur zweien der vergangenen Schuljahre zu beschäftigen. Andernfalls kann vor Beginn der Stationsarbeit eine Einstimmung für alle durch die Lehrerin erfolgen, die Höhepunkte aus den vier Jahren, aber auch besonders bedeutsame oder witzige Erinnerungen mit vielen Pausen vorträgt. Die vier Gruppen, die dann an den Jahrgangstischen im Wechsel arbeiten, finden sich selbstständig, bleiben aber zusammen. Die Zeit für die Gruppen an den Erinnerungstischen wird mit 15 bis 20 Minuten wohl ausreichen. Der Wechsel wird von der Lehrerin angekündigt. Die ausgefüllten Schmuckblätter bleiben an der Station zurück, werden immer mehr und in der abschließenden Vernissage an den Klassenstufentischen von allen zu studieren sein, bevor sie für das Abschiedsbuch nach Aspekten geordnet abgetippt und kopiert werden.

Das gemeinsame Clustering – die *Ideensonne* kennen die Kinder aus vielen anderen Zusammenhängen (vgl. etwa *Themenbearbeitungsritual*, S. 110–114). Zur sinnvollen Vorbereitung und Verbreiterung der Assoziationen werden die Viertklässler zunächst einmal angehalten, sich eine Minute lang zu zweit und in der Gruppe sich leise darüber zu unterhalten. Sie haben Gelegenheit zu einem so genannten „Murmelgespräch" (vgl. *Kreis-*

Ideensonne

gesprächsritual, S. 89), dann nehmen sie sich gegenseitig dran, diktieren ihr Stichwort der Lehrerin, die diese an die Strahlen rund um den Begriff „gute Lehrerin/guter Lehrer" anschreibt. Die Gruppe wird zu diesem Zeitpunkt sicherlich auch Zuordnungen vorschlagen, die sich im Anschreiben niederschlagen. Nachfragen zur Klärung bzw. Präzisierung sind vor dem Anschreiben bzw. nach Vollendung der Ideensonne möglich und wichtig. Wenn am nächsten Tag noch etwas Wichtiges zu ergänzen ist, sollte dies unbedingt nachgetragen werden.

Den Fragebogen beantworten die Kinder allein, für sich in der Klasse, damit sogleich eine Auswertung möglich ist und kein Fragebogen verloren geht. Die Auswertung können die Kinder auch selbst in kleinen Gruppen vornehmen, wobei immer eine Gruppe für eine Frage zuständig ist.

Es ist eine Entscheidung der Kinder, ob und wenn ja, wie sie sich von ihrer Grundschule verabschieden wollen. Deshalb ist eine außerordentliche und letzte Sitzung des *Klassenrates* (vgl. S. 55–58) der richtig Ort, in dieser Frage eine von allen getragene Antwort zu finden.

Der Brief an sich selbst ist ein Brief, den vielleicht ein Freund und eine Freundin schreiben könnten, die einen gut kennt, sehr schätzt und weiß, welche Hindernisse man schon erfolgreich überwunden hat. Es liegen unterschiedliche Arten von besonders schönem Briefpapier aus. Meditative Klänge können diese Schreibzeit vielleicht intensivieren. Der Briefumschlag wird selbst mit der Adresse beschriftet und mit echtem Siegellack versiegelt.

4 Ritualisierte Handlungsabläufe für den Fachunterricht

Gehorchte die Präsentation der eben vorgestellten Rituale für eine Klasse oder Schule dem Prinzip der Zeit – von der Unterrichtsstunde bis zur gesamten Schulzeit –, so geht es nunmehr um Spezifika, die sich im Rahmen gemeinsamer Arbeitsprozesse und beispielhaft im Fachunterricht stellen. Ritualisierte Handlungsabläufe für Arbeitsprozesse besitzen nach eigener Erfahrung – je nach Häufigkeit und Praxis – gute Aussichten, rasch zu ertragreichen Ritualen im hier angestrebten Sinne zu werden. Sie decken allerdings nur wenige Aspekte einer ritualisierten Gestaltung von Kooperation und gemeinsamem Lernen ab, insofern bedürfen sie der Ergänzung und Erweiterung. Häufig handelt es sich mehr um ritualisierte Handlungsabläufe, die die Kinder in den Stand setzen, mit verabredeten Symbolen und Inszenierungen selbstständig ausgewählte Unterrichtssequenzen oder Arbeitsverfahren zu strukturieren und zu leiten. Von Anlage und Zielsetzung her befähigen sie die Schüler zu effektiverer Zusammenarbeit, ritualisieren Reflexionsprozesse und beinhalten demzufolge eher Momente von rationalem Innehalten, als solche der emotionalen Feierlichkeit. Vielen wohnt aber ein enthierarchisierendes Potenzial inne, das sich umso kräftiger entfaltet, je mehr Raum der Selbstständigkeit gegeben wird.

Rituale für das kooperative Lernen

Arbeitsprozesse zu strukturieren, Kooperation zu erleichtern und damit Partizipation zu ermöglichen – dies sind die Leitmotive der hier vorgestellten Rituale der Arbeit. Beispielhaft berühren sie nur wenige, aber komplizierte Phasen gemeinsamer Lernprozesse: das gemeinsame Gespräch, die Arbeit mit Lernkarteien, die Rückgabe von Klassenarbeiten, die Präsentation von Schülerarbeiten sowie den Umgang mit provozierenden Schimpfwörtern. Ihre Auswahl ist nicht repräsentativ und liefert Anregungen, die modifiziert auch für andere Scharnierstellen selbstständiger Lernarrangements zu nutzen sind. Alle Vorschläge sind so einfach strukturiert, dass sie von den Schülern rasch in Eigenregie zu praktizieren sind. Verzichtet wurde im Folgenden darauf, mögliche Rituale für die Partner- oder Gruppenarbeit vorzustellen. Nicht, weil die Wirkungen gering geschätzt würden, im Gegenteil. An dieser Stelle sei dazu nur Folgendes gesagt: Jede Gruppenarbeit wird strukturierter und effizienter, wenn die Arbeitsorganisation insofern ritualisiert wird, als damit begonnen wird, Verantwortliche festzulegen, etwa für Protokollführung, „Moderation", Präsentation und Zeitkontrolle. Mit dieser Art von strukturierter Selbstorganisation beginnt die Arbeit zügiger, wird gerechter verteilt und ist erfolgreicher. Die Anfangsschwierigkeiten der Präsentation von Ergebnissen werden dann durch den wundervollen Eröffnungssatz gemildert, der da lautet: „Mitgearbeitet und mitgedacht haben ...". In manchen Klassen gibt es Rituale, die alle Schüler und Schülerinnen nacheinander zu Beobachtern solcher Gruppenarbeitsphasen machen. Ihre Aufgabe besteht darin, zum Ende der Stunde eine kurze Rückmeldung ihrer im Gruppenarbeitsbuch protokollierten Beobachtungen zu geben. Damit wird das Augenmerk der Kinder auf das Verhalten ihrer Mitschüler gerichtet. Es wachsen Urteilsfähigkeit und Sensibilität für potenzielle Störungen und ihre Verhinderung.

Kreisgesprächsritual

▪ **Einsatz**: Alle Fächer; Klassen 1 bis 4 ; Dauer: kurz, etwa 10 Minuten, mit Umräumen und Vorbereitung: etwa 15 Minuten

▪ **Ablauf/Beschreibung**: Auf das Kreissymbol hin wird ein Stuhlkreis gebildet. Das Thema wird mündlich oder schriftlich vorgestellt und begründet, die geltenden Regeln sowie die Zeit hängen aus, die Gesprächsleitung steht fest. Zur Vorbereitung erhalten alle ein bis zwei Minuten Zeit zum stillen Nachdenken oder zum leisen Austausch mit dem Nachbarn (*Murmeln*). Ob es nach der Reihenfolge der Meldung geht oder ein Zeichen für „Direkt dazu ..." thematische Bezüge erleichtert, ist eine Frage von Absprache. Die Lehrerin sitzt mit im Kreis und notiert die Beiträge in Stichworten für Impulse oder das spätere Resümee. Inwieweit sie durch Zwischenresümees neue Impulse gibt, ist im Vorwege zu klären, weil eine herausgehobene Sonderstellung die Situation dauerhaft unklar werden lässt. Das Unterrichtsgespräch wird abschließend zusammengefasst, zunächst von der Lehrerin unter namentlicher Bezugnahme auf Schülerbeiträge. Falsches wird richtig gestellt oder als neue Aufgabenstellung formuliert.

▪ **Ziel/Funktion/erwartete Wirkung**: Dieses Rederitual qualifiziert die Kinder von Anfang an dazu, miteinander zu sprechen und zu diskutieren. Eine klare, übergeordnete Fragestellung, die vorher bekannt ist und zu der alle etwas äußern können, vergrößert mit der garantierten Vorbereitungszeit die Chance, dass alle etwas zur Thematik beitragen. Neben der erhöhten Beteiligung und der Ziel- und Ergebnisorientiertheit des Gesprächs reden die Schüler infolge der im Ritual angelegten Zurückhaltung der Lehrerin und des Prinzips des gegenseitigen Drannehmens vor allem miteinander: Sie sehen sich, sind achtsam, wiederholen weniger und nehmen stärker Bezug aufeinander. Auch wenn die Rolle der Lehrerin im Kreisgespräch zunächst eine herausgehobene bleibt, weil sie die Fragestellung auswählt und formuliert, die Beiträge stichwortartig festhält, resümiert und vielleicht neue Impulse in die Runde gibt, so verändert doch allein ihre zurückgenommene, ausschließlich „dienende" Funktion die Gesprächsdynamik. Belanglosigkeit oder Redundanz nehmen trotz der quantitativen Ausweitung ab, und neue Aspekte sind schließlich auch für die Kinder interessanter, nicht die Wiederholung des bereits Gesagten. Diese Akzentuierung wird durch die Fixierung von Stichwörtern unterstützt. Indem die Klasse zu Gesprächsbeginn einen Kreis bildet und das Gesprächsende mit seiner Auflösung einhergeht, wird die Besonderheit dieses Ereignisses unterstrichen. Die Genugtuung eines jeden, mit seinen Beiträgen das Gespräch beeinflusst zu haben, wächst und erhöht perspektivisch die Gesprächsbereitschaft aller, weil jeder Beitrag gewürdigt wird, nicht nivellierend, sondern abwägend und eingebettet in den Kontext.

▪ **Ideen zur Initiierung**: Für dieses Ritual ist es nie zu spät. Im Unterschied zu den gebräuchlichen, aber häufig nicht beachteten Gesprächsregeln (Nur einer redet! Bitte kurz! Wir hören uns zu!) kreiert das Gesprächsritual bei fester Rahmung eine immer neue Nutzung von Raum und Zeit.

Das **Kreiszeichen** an der Tafel ist rasch im Bewusstsein aller verankert, löst gemeinsame Aktivitäten zur Kreisbildung aus, die immer rascher umgesetzt werden, je häufiger es genutzt wird. Mit der Auflösung der Kreisform wird der stark enthierarchisierte Zustand beendet, und mit der körperlichen Rückkehr an den eigenen Platz werden auch die alten Strukturen wiederhergestellt, zumindest äußerlich. Ob sich die Gesprächsrunde als Stuhlkreis, Sitzkreis auf dem Boden, Stehkreis, auf den Tischen sitzend, durch nach außen geschobene Stühle, im Gruppenraum, auf dem Flur oder dem Schulhof bildet, ist von den räumlichen Voraussetzungen, der Klassengröße und den Erfahrungen der Kinder abhängig. Welche Sitzform gewählt wird, wie viel Zeit zur Verfügung steht und welches Kind – mit Zeitnehmer und Kellnerklingel als Insignien der Macht ausgestattet – die Gesprächsleitung übernimmt, ist vorher zu klären. Denn mit dem Kreissymbol befindet man sich im rituellen Fluss, den man nur schwerlich ohne Schaden für die Sache und das Ritual verlassen kann.

Die Schüler haben zunächst Mühe, leise, rücksichtsvoll und rasch *einen Kreis zu bilden*. Hier gilt es durch Organisation, Übung, konkretes Feedback Hilfe zu geben, etwa durch Zeitnehmen und das Bewusstmachen von Schnelligkeit. Es kann auch außerhalb des Rituals kurze Übungssequenzen dazu geben. **Eine attraktive Themenstellung** an der Tafel schafft neben Zügigkeit vor allem inhaltliche Anreize, stimmt ein, stimuliert schon bei der Umorganisation den Austausch zur Sache. Eine Themenstellung ist dann geeignet, wenn sie wirklich offen ist, sich alle assoziativ dazu äußern können, Meinungen, Einstellungen, persönliche Erfahrungen und Begründungen oder Vorwissen gefragt sind.

Es bleibt die **Aufgabe der Lehrerin**, das Kreiszeichen zu nutzen, sich eine geeignete Themenstellung zu überlegen, die Dauer des gemeinsamen Gesprächs wie der Vorbereitungszeit auf der Uhr einzustellen. Sie bleibt zumeist auch für das Festhalten der Gesprächsergebnisse zuständig, liefert Zusammenfassung und Richtigstellung, setzt Akzente und spitzt auf neue Fragestellungen zu.

Zeit zur **Gesprächsvorbereitung**, z. B. zu zweit in Form von *Murmel-* oder *Flüstergesprächen* ist zwar ungewohnt, wird aber meist rasch als Chance genutzt. Denn hier wird offiziell etwas möglich, was sonst zwar laufend geschieht, aber verpönt ist. Sich zu einer Frage oder einem Problem auszutauschen, erhöht nicht nur die Zahl, sondern die Vielfalt der Beiträge, es befriedigt zudem das Mitteilungsbedürfnis der Kinder. Das haben zahllose Montagsrunden gezeigt, die durch das Murmeln mit den Nachbarn erheblich entlastet wurden. Die Mitschüler hören zu, sprechen selbst, verstehen sich, lernen einander besser kennen, üben sich im Formulieren, äußern sich alle. Insofern findet hier ein wichtiger Beitrag zur Kommunikationsförderung statt. Die Fragestellung für diese Zweiergespräche ist gut überlegt und wird mündlich oder schriftlich veröffentlicht. Nach einer halben oder einer Minute ertönt wie angekündigt ein akustisches Zeichen, um den Rednerwechsel zu markieren, ähnlich, wie es auch am Ende der Murmelphase geschieht.

Die **formale Gesprächsleitung** liegt in den Händen von Schülerinnen oder Schülern. Abwechselnd erfahren sie dadurch am eigenen Leibe, wie wichtig Zuhören und Abwarten sind und wie schwierig es für den Leiter ist, sich gegen Regellosigkeit zu behaupten. Ein Kind kann aufrufen, ein anderes die Redeliste führen. Die Kinder können sich auch ohne Leitung gegenseitig anrufen. Die unterschiedlichen Verfahren sollten regelmäßig mit den Schülern trainiert werden, damit sie selbst aus einem wachsenden Verhaltensrepertoire das Geeignete auswählen können. Bei einem geleiteten Gespräch bestimmt normalerweise der Zeitpunkt der Meldung die Reihenfolge. Allerdings können „Zweihandmeldungen" ein „Direkt dazu" signalisieren. Ob diese vorgezogen werden oder nicht, entscheidet der Gesprächsleiter. Mit steigender Kompetenz gelingt es manchen Gesprächsleitern gar, Gesprächsergebnisse zusammenzufassen, Zwischenresümees zu ziehen und selbst neue Impulse zu geben.

Die Ergiebigkeit des gemeinsamen Gesprächs resultiert aus einer präzisen Fragestellung, genauer Zeitplanung, einer sicheren Leitung und einer Vielzahl differierender Beiträge, die miteinander in Beziehung stehen und vom Lehrer stichwortartig zu einem Gesamtbild zusammengefasst werden. Wenn die Lehrerin im Verlauf des Gesprächs das Bedürfnis hat, der Debatte einen neuen Impuls zu geben, sollte sie sich auch melden und warten, bis sie aufgerufen wird. Hier gilt es die Rolle der Gesprächsleitung zu stärken und jedes Kompetenzwirrwarr zu vermeiden.

Die **Gesprächsergebnisse** zu resümieren und an den gesteckten Zielen zu messen, offene Fragen zu fixieren und Falsches richtig zu stellen, das ist Aufgabe eines Schlussfazits (zunächst) durch die Lehrerin. Sich die Stichworte auf einen Zettel zu schreiben, dabei mit im Kreis oder außerhalb zu sitzen; oder am Overheadprojektor das Wichtigste auf Folie festzuhalten bzw. an der Tafel – diese sich durch ihre Transparenz unterscheidenden Verfahren sind oft wichtige Helfer, um ein Gespräch zu strukturieren, Wiederholungen zu vermeiden und zu resümieren. Darüber hinaus führen sie den Schülern das Finden wichtiger Stichwörter vor. Das mündliche Resümieren wird dadurch erleichtert, weil häufig schon das Verlesen der Stichwörter Gesprächsbeiträge würdigt und Akzente für das Gesprächsergebnis setzt. Wenn einige Beiträger namentlich erwähnt werden, gewinnt die Gesprächskultur einer Klasse langfristig. Denn so wird es bedeutsam, was ein jeder sagt. Sein Beitrag wird nicht nur in Form eines Stichworts für würdig befunden, sondern er erscheint an der Tafel und die Lehrerin erinnert sich sogar daran, dass es seine Idee, sein Gedanke war, der dazu führte. Womöglich wird seine Interpretation zum Thema der nächsten Stunde.

Es ist wichtig, **Unterrichtsgespräche zeitlich strikt zu begrenzen.** Was man in zehn Minuten maximal schaffen kann, wird erst deutlich, wenn die Zeit ökonomisch und intensiv genutzt werden muss. Ein offenes Ende und Ergebnislosigkeit gefährden die Gesprächskultur. Sicherlich wird es Themen geben, die so brisant sind, dass die Schüler unbedingt über die verabredete Zeit hinaus diskutieren möchten, um ein Resultat zu erhalten. Dennoch sollte solche Verlängerung – wie bei einem Fußballspiel – geordnet erfolgen. Oft ist es eher geraten, das Gespräch zu vertagen oder eine neue Gesprächsrunde mit aktualisierter Fragestellung anzubieten, als das Prinzip dauerhaft zu verwässern.

Gefahrenpotenzial und Handlungsmöglichkeiten: Manchmal bleibt die Gesprächsbeteiligung gering. Vielfach haben die Schüler bereits viele negative Facetten von schulischen Gesprächssituationen kennen gelernt: Die Lehrerin stellt viele enge Fragen, nur eine Antwort ist richtig, alle denken nach, aber schon bei der ersten richtigen Antwort geht es weiter zur nächsten Frage. Die Lehrerin weiß die Antwort und wählt die Frage aus. Die Fragen der Kinder, ihre Erfahrungen und Begründungen, echte Fragen und offene Kontroversen werden dagegen eher selten provoziert. Viele schalten nach kurzer Energieleistung ab, weil sie das Gefühl haben, diesen „Schnellzug" zu verpassen. Sie sind frustriert, rufen dazwischen, weil es darum geht, schnell und der Erste zu sein. Ihnen wird so immer wieder bewiesen, dass sie nicht mithalten können. Langfristig leidet darunter ihre Fähigkeit, miteinander zu sprechen, sich auszutauschen, im Dialog voranzukommen, zu reflektieren. Unter diesen Bedingungen eine Gesprächskultur zu entwickeln, in der es wirklich um offene Fragen und Probleme geht, für deren Lösung das Nachdenken aller wichtig ist und zu einem besonderen Baustein wird, das braucht seine Zeit. Dieser Prozess benötigt vor allem das Vertrauen der Schüler in die Ernsthaftigkeit des zur Diskussion stehenden Themas. Die verschiedenen Etappen des Rituals sind wichtige Hilfen, die vom Atmosphärischen wie von der Vorbereitung her die besten Chancen bieten, die Beteiligung über kurz oder lang zu erhöhen. Die Würdigung der verschiedenen Beiträge und die Fernwirkungen der Gesprächsergebnisse werden ihren Teil dazu beitragen, dass es immer wichtiger wird, Einfluss auf den Gang des Gesprächs zu nehmen.

Nicht selten monopolisieren einzelne Kinder das Gespräch immer wieder. Nach etwa zehn ritualisierten Unterrichtsgesprächen sollte das Ritual selbst Thema werden, und zwar in folgendem Dreischritt:

1. Was läuft gut?
2. Was stört uns?
3. Wie können wir das verbessern?

Darüber hinaus können dann weitere Aspekte angesprochen werden: Wie können wir mehr neue Gedanken hören? Wie unterbinden wir langweilige Wiederholungen? Sie können helfen, Ideen von Schülern freizusetzen, die sie selbst als potenzielle Diskussionsleiter bei Bedarf nutzen können. Vielfach aber reicht ein solcher Austausch in einer neutralen Situation schon aus, um präventiv Effekte zu entfalten. Appellhafte Gesprächslosungen können als Gedächtnisstütze dienen. Sie sollten positiv formuliert sein: „In der Kürze liegt die Würze! – Auf Wiederholungen können wir verzichten. – Du kannst höchstens 2-(3-)mal drankommen."

Kinder hören einander oft nicht zu und respektieren den Gesprächsleiter nicht. Dieses Thema sollte im Anschluss an ein Unterrichtsgespräch, vielleicht auch erst am nächsten Tag, auf die Tagesordnung gesetzt werden, frei von den Emotionen und schlechten Gefühlen, die sich aktuell anhäufen und kaum für konstruktive Lösungen Fantasie erzeugen. Es kann sinnvoll sein, alle Kinder zu einer schriftlichen Stellungnahme zu bitten – z. B. zum Thema: „Meine drei Ideen für bessere Kreisgespräche." Diese würden dann gesammelt, ausgehängt, geklärt, abgestimmt, auf die drei für die Klasse wichtigsten Ideen reduziert und vielleicht jeweils einem Kind als Regelwächter zur Einhaltung überantwortet. Auch diese Funktion – sofern sie denn erforderlich ist – sollte wechseln.

Rituale zur Karteiarbeit – das Expertensystem

▨ **Einsatz**: In jedem Fachunterricht möglich, der mit Lern-, Übungs- und Forschungskarteien arbeitet; Klassenstufen 2 bis 4; Dauer: 1 Stunde, besser in einer längeren Arbeitsphase, etwa 90 Minuten

▨ **Ablauf/Beschreibung**: Bei Lernkarteien, die meistens auf festen Karton im DIN-A5-Format vorliegen und deren Kartenanzahl je nach Kartei und Hersteller unterschiedlich ist, stehen jeweils fünf Exemplare einer Karteikarte zur Verfügung. Diese Karten bearbeiten die Kinder meistens schriftlich in einem besonderen Heft. Zu Wiederholungs- und Übungszwecken ist es gut möglich, den Schülern auch den ganzen Karteikartensatz zur Verfügung zu stellen. Aber auch dabei kann das folgende Ritual in modifizierter Form greifen. Lern- und Forschungskarteien können von den Lehrerinnen, aber auch von den Kindern selbst hergestellt werden, zumeist wohl im Anschluss an eine Sachunterrichtseinheit. Die Karteikarten im DIN-A5-Format stehen meistens in Kästen offen in der Klasse, sind durchnummeriert und mit einem Titel versehen. Dies alles müssen die Kinder in ihr Heft übertragen, bevor sie mit der eigentlichen Aufgabe beginnen. Bei den fertigen Karteien gibt es viele, die auf der Rückseite die richtigen Lösungen zur Selbstkontrolle anbieten, die die Kinder dann nutzen sollen, was aber trainiert sein will. Hier bietet es sich auch an, Verantwortung an Schüler zu delegieren, sofern alle auch einmal die Kontroll- und Prüffunktion ausüben können. Für Kontrolle und Buchführung gibt es unterschiedliche Modelle, wobei das nachfolgend vorgeschlagene vielerorts praktiziert

Zu Beginn jeder Stunde, in der die Arbeit mit Lernkarteien im Zentrum steht, haben zwei Experten das Wort, um eine neue Karteikarte vorzustellen. Denn sie haben die Karte bereits bearbeitet und werden im weiteren Verlauf dafür verantwortlich sein, die Aufgaben zu erklären, Nachfragen zu erläutern, die Ergebnisse zu kontrollieren und sie den Mitschülern rückzumelden. Diese Experten gehen in ihrer Kurzvorstellung von zwei bis drei Minuten auf das Was, das Warum und das Wie ein und beantworten die Nachfragen der Klasse. Dann haben alle etwa 20 Minuten zur Bearbeitung neuer oder angefangener Karteikarten Zeit, die mit Nummer, Fragen als Überschrift, Datum und Namen versehen in ein Themenheft übertragen werden und dort pro Karte eine Seite füllen. Bearbeitete Aufgabenblätter sind dem jeweiligen Experten der Karteikarte zur Prüfung zu übergeben. Wenn dann noch Zeit bleibt, können neue Karteikarten begonnen oder Prüfarbeiten beendet werden. Sofern die Arbeiten kontrolliert sind, werden sie zurückgegeben, bei Bedarf verbessert und im Themenheft abgeheftet. Erst dann ist der feierliche Augenblick gekommen, dass man seinen Namen in die aushängende Liste einträgt und damit seinen Erfolg dokumentiert.

Wenn alle Schüler zu Experten geworden sind und also Zeit zur Kontrolle, zum Prüfen und zur Auswertung benötigen, schließt sich an die 20-minütige Arbeitszeit eine zehnminütige Korrekturzeit für alle an, die ausschließlich dem Prüfen und Verbessern gewidmet ist. Die folgenden fünf Minuten dienen dazu, sich gemeinsam einen knappen Überblick über das Geleistete zu verschaffen, quantitativ durch Anzeigen mit den Fingern, wie viele Karteikarten man geschafft hat, als auch qualitativ durch Fragen, Aha-Erlebnisse oder Ideen, die im Gefolge der Bearbeitung gekommen sind. Wenn noch Zeit bleibt und Karteien dazu explizit auffordern oder die Experten eine besonders gelungene Arbeit vorstellen möchten, können dazu die letzten fünf Minuten genutzt werden.

Ziel/Funktion/erwartete Wirkung: Das selbstständige Lernen wird durch diese Delegation von Verantwortung unterstützt und erhält eine altersgemäße Form. Schüler werden zu Ansprechpartnern, Prüfern, Erklärern, Beratern und Rückmeldern. Im Einzelfall übernehmen sie Lehrerfunktionen. Das Konsumverhalten den Lernangeboten gegenüber geht wahrnehmbar zurück. Die gegenseitige Rückmeldung gewinnt an Bedeutung und qualifiziert die Schüler, neben Fehlern auch Erfolge zu registrieren. In einem überschaubaren, immer weiter ausbaubaren Rahmen übernehmen sie die Zuständigkeit für Lernarrangements. Dadurch können sie in zunehmenden Maße auch an der Erstellung neuer Lernkarteien oder anderer Arbeitsblätter partizipieren. Den Schwierigkeitsgrad abzuwägen, das Interesse der Mitschüler zu treffen und auch vom Umfang her angemessen zu dosieren – wer könnte dies angemessener als die Schüler selbst, die Verantwortung für sich und ihresgleichen zu übernehmen lernen?

Der Lehrer oder die Lehrerin wird entlastet, da wesentliche Korrekturarbeiten von den Schülern selbst ausgeführt werden. Die Endprodukte sind im Rahmen einer Ausstellung besonders zu würdigen und von der Lehrerin bei der Bewertung der schriftlichen, sozialen wie kooperativen Leistungen zu berücksichtigen. Auf der anderen Seite muss sie große Vorarbeit bei der Zusammenstellung der Lernkartei leisten, die Raumnutzung bedenken, künftige Experten ausbilden, den Zeitablauf gewährleisten, Präsentationen ritualisieren, schwierige Fragen klären und einzelne Kinder begleiten sowie die kontinuierliche Reflexion der Expertenarbeit sichern.

▓ **Ideen zur Initiierung des Rituals**: Als Lehrerin verschaffe ich mir einen Überblick darüber, welche Art von Kartei ich einsetze und aus welchen Gründen. Es kann sich etwa um eine Übungs-, Wiederholung- oder Vertiefungskartei handeln, wie sie im Deutsch- und Mathematikunterricht häufig als Ergänzung zum Lehrgangsunterricht als Teil von Wochenplan und selbstständiger Arbeit im Einsatz sind. Auch Themenkarteien für den Sachunterricht finden sich vermehrt im Handel. Man kann aber auch selbst eine Lern- oder Themenkartei anfertigen und dabei die Vorkenntnisse und Spezifika der Klasse sowie ihre Themenwünsche bedienen. Dabei sollte ich mit bekannter Symbolik (Buch für Lesen, Stift für Schreiben, Brille für Prüfen etc.) arbeiten und eine gleichbleibende Struktur (Titelzeile mit Nummer, Frage und Schwierigkeitsgrad; Informationen, Aufgaben; Antwort bzw. Lösung) nutzen, um Klarheit und Selbstständigkeit zu begünstigen. Vor allem aber darf ich die Aufgabe nicht zu umfangreich und zu kompliziert gestalten. Hier geht es schließlich um selbstständig zu erringende Erfolge. Alle Lernkanäle sollten bei den Aufgabenstellungen berücksichtigt sein, neben Übungs- und Wiederholungsaufgaben sind zunehmend auch Forschungs- und Entdeckungsaufträge, Auswertung von Fachliteratur sowie Lernspiele in den Kanon der Möglichkeiten mit einzubeziehen.

Die Kartei muss nicht vor Beginn komplett fertig gestellt sein, sondern sie kann schubweise und im Prozess ergänzt und abgerundet werden. Eine Liste mit allen Kindernamen in alphabetischer Reihenfolge sowie den Karteikartennummern hängt an einem festen Platz aus. Notwendige Hilfsmittel wie Lexika, Schulbücher, Wörterbücher, Atlanten liegen auf jedem Gruppentisch bereit, Computerzeiten sind verabredet. Karteien haben gegenüber Arbeitsblättern den Vorzug, dass sie kostengünstiger sind, weil sie kein Verbrauchsmaterial, sondern wieder verwertbar sind und nicht im Klassensatz zur Verfügung stehen müssen. Sie bieten den Schülern die Möglichkeit, nicht parallel arbeiten zu müssen. Sie beschäftigen sich mit unterschiedlichen Aspekten eines Themas, allein oder im Team. Nur in Ausnahmefällen ist eine größere Gruppe obligatorisch. Die Aufgaben sind leistungs- und lerndifferenziert und können bei Bedarf in vereinfachter oder komplizierterer Version ergänzt werden. Insofern haben wir es hier mit einem methodisch sehr flexiblen, von Aufgabenstellung und Ergebnissen her ausgesprochen abwechslungsreichen Instrument zu tun, das noch zwischen Pflicht- und Zusatzaufgaben sowie im Schwierigkeitsgrad unterschieden werden kann.

Zu Beginn des Lernkarteien-Rituals liegen mindestens sechs unterschiedliche Karteikarten in fünffacher Ausführung vor, um den Kindern eine Auswahl zu ermöglichen. In welchen Heften die fertigen Blätter zu sammeln sind und wo man sich einträgt, ist zu klären. Darüber hinaus ist die Prüftätigkeit der Experten vorzustellen, am besten auch, indem man es am Overheadprojektor vormacht und mit allen trainiert. Die Namen der verantwortlichen Experten bzw. ihre Fotos sind auf der Liste bei der entsprechenden Karteikarte vermerkt.

Die Lehrerin schlägt Schülerexperten vor, die gesondert auf die Kurzvorstellung vorbereitet werden. Wie eine gelungene Karteikartenvorstellung aussieht, demonstriert am besten die Lehrerin. Es können aber auch Leitfragen aushängen, die die Experten vorlesen und mit den Spezifika ihrer Karteikarte füllen: „Ich bin für die Karteikarte Nr. XY zuständig. Es geht um ... Das ist interessant, weil ... Ihr braucht dafür ... Du arbeitest allein/zu zweit ... Ich habe es in xy Minuten geschafft ... Ihr lernt dabei ..." Die Symbole, die sich auf den Karteikarten immer wieder finden, hängen nach der Vorstellung in der Klasse aus. Sie sparen Worte, erklären sich selbst und sitzen schon nach einmaliger Nutzung. Zunächst werden die Experten laufende Arbeiten in der 20-minütigen Arbeitsphase korrigieren. Zeitliche Veränderungen sind möglich. Aber die Abfolge der Schritte sollte zumindest einen Lernkartei-Durchgang lang nicht verändert werden, um sich zu etablieren und Wirkungen erfahrbar zu machen. In der Abschlussreflexion sollte diese Schrittabfolge allerdings Gegenstand der Auswertung sein, um vielleicht angemessenere Alternativen zu ermöglichen.

Gefahrenpotenzial und Handlungsmöglichkeiten: Einige Schüler sind mit der Betreuung der Karteikarten überfordert. Die Kontrolle und Überprüfung von Karteikarten können auch Teams leisten, die möglichst heterogen zusammengesetzt sind, sich aber auch nach Freundschaft finden können. Auch kann sich ein schwächerer Experte einen Helfer suchen, der dann noch in Eigenregie eine andere Karte betreut. Die Kontrolle könnte auch als Selbstkontrolle konzipiert werden, zu deren Zweck die Schüler eine Prüfstation anlaufen, um in Eigenregie ihre Ergebnisse zu kontrollieren und zu überarbeiten. Dies ist schwerer, weil die für das Fehlerfinden so wichtige Distanz sich erst mühsam einstellt. Auch wird man sich in den seltensten Fällen selbst auch noch aufbauende Worte dazu schreiben. Es wäre natürlich als Alternative auch möglich, die Prüfstation mit wechselnden Prüfern zu besetzen. Dann wäre die Zuständigkeit für die Kartei aber um einen wichtigen Bereich beraubt.

Die Schüler sind manchmal einfach überlastet und können sich im Unterricht nicht so gut auf die Korrekturen konzentrieren. Wenn es möglich ist und das vorhandene Material ausreicht, dann könnten die Korrekturen auch als alternative Hausaufgabe genutzt werden. Dadurch würde man Zeit für Karteiarbeit und Präsentation gewinnen. Auf der anderen Seite sollte man wohl lieber die Rahmenbedingungen so verändern, dass Stille und ruhiges Arbeiten möglich werden, weil gerade der Korrekturprozess in seinen Anfängen, also in Sachen Rücksprache mit den Autoren oder wegen erforderlicher Hilfestellung von anderen, durchaus kommunikativer Natur ist.

▓ **Variationen**: Klassen, die Erfahrungen mit Karteiarbeit gesammelt haben, können als Wiederholung und zum Abschluss eines Themas selbst Karteikarten produzieren und eine Lernkartei für andere Klassen anlegen. Wichtige Aspekte und Fragestellungen werden gesammelt, ergänzt und verteilt. Schreibkonferenzen lesen Korrektur, verbessern inhaltlich wie formal. Zur Kontrolle werden alle Karteikarten nach Fertigstellung durch Selbstversuch getestet, bevor sie dann laminiert und der Schule feierlich zur Verfügung gestellt werden. Vielleicht können die Kinder in der anderen Klasse gar als Experten ihrer Karte Beraterdienste übernehmen.

Ritualisiertes Präsentationsfeedback

▓ **Einsatz**: Alle Fächer; Klassen 1 bis 4; Dauer: 10 bis 15 Minuten

▓ **Ablauf/Beschreibung**: Im Anschluss an eine Präsentation von Arbeitsergebnissen durch Schüler und Schülerinnen erfolgt eine Würdigung und ernsthafte Auseinandersetzung mit Inhalt und Form mit Hilfe eines Rituals, das die vortragenden Schüler selbstständig nutzen: Zunächst geht es darum, Nachfragen zu ermöglichen und zu beantworten. Sodann sind die gelungenen Aspekte gefragt, wobei hier Form und Inhalt vermischt angesprochen werden oder beide Bereiche voneinander getrennt thematisiert werden. Erst in einem dritten Schritt geht es um Verbesserungswürdiges, um Anregungen und Ideen methodischer wie inhaltlicher Art. Inwieweit die Anmerkungen schriftlich festgehalten werden und von wem dies erfolgen könnte (z. B. vom Lehrer am Overheadprojektor oder an der Tafel; von einem Gruppenmitglied; von einer Kassette), hängt von der Schreibkompetenz, der Güte des Feedbacks sowie den Wünschen der Schüler ab und ist im Vorwege zu verabreden.

▓ **Ziel/Funktion/erwartete Wirkung**: Dieses Feedbackritual ist ein wichtiger Bestandteil selbstständigen Lernens. Es qualifiziert die Schüler zunehmend, die Güte der eigenen Beiträge zu ermessen und auch konkret zu benennen, die Art des Vortrags ins Visier zu nehmen und Kritikwürdiges in Form von Verbesserungsideen zu formulieren und anzuhören. Der feste Ablauf schützt die Vortragenden in ihrer exponierten Stellung vor destruktiver Kritik. Allen fällt es leichter, zunächst das Fehlerhafte oder Missratene zu registrieren. Das Gelungene wird kaum wahrgenommen oder als selbstverständlich angesehen. Oft fehlt es dem Publikum an Kriterien, die Güte des Dargebotenen zu ermessen und zu beurteilen. Insofern entwickelt sich hiermit langfristig ein umfangreicher Kriterienkatalog zur gegenseitigen Würdigung, der nichts mit pauschalisierendem Lob (Alles war toll!) oder vernichtender Kritik (Katastrophal – man konnte nichts verstehen!) zu tun hat, vielmehr zu einer differenzierten, die eigenen Beurteilungsmaßstäbe offen legender Wertschätzung befähigt.

Ein wesentlicher Effekt wird sich erst nach und nach einstellen: Die Schüler werden nicht nur genauer in ihrem Urteil, präziser in ihrer Würdigung und fantasievoller in ihren Anregungen, sie emanzipieren sich auch in zunehmendem Maße von der Fremdbeurteilung durch den Lehrer oder die Lehrerin. Das Schielen nach der Note macht einem selbstbewussteren Umgang mit der eigenen Leistung Platz. Dieses Feedbackritual verbessert auch die Präsentationen selbst. Indem Positives differenziert und begründet vom Publikum verstärkt wird, verdichten sich die Elemente, die Sicherheit geben und Erfolg garantieren. Indem auch negative Aspekte nicht pauschal, sondern möglichst konstruktiv und konkret in Form eines Verbesserungsvorschlags oder einer Anregung formuliert werden, vergrößert sich die Chance zum Transfer: Denn die gewünschten Verhaltensänderungen werden von Mitschülern konkret benannt und begründet (z. B. Wenn du lauter sprichst, verstehe ich dich besser ... Wenn du seitlich stehst, können wir euer Plakat sehen ... Bitte zum Publikum schauen etc.).

▨ **Ideen zur Initiierung des Rituals**: Vor den anderen aufzutreten, selbst Lehrer zu spielen, macht angreifbar. Die Situation ist diffus. Die Schüler müssen in dieser unbekannt schwierigen Situation geschützt werden, vor allem davor, sich der Lächerlichkeit Preis zu geben. Als Lehrerin zeige ich den Kindern eine gelungene Präsentation, mache meine methodischen Überlegungen transparent und sage laut, warum ich was mache. Dadurch festigen sich die Kriterien. „Weniger ist also mehr." „In der Kürze liegt die Würze." „Ein Bild sagt mehr als tausend Worte": Diese drei Devisen gepaart mit einem rigiden Zeitlimit (z. B.: maximal fünf Minuten pro Auftritt) schaffen günstige Voraussetzungen für die Kinder, wenn sie den Vortrag allein, in Teams oder Kleingruppen vorbereiten, die Rollen aufteilen und für Anschauungsmaterial Sorge tragen. Gerade am Anfang sollte die Lehrerin zusätzliche Stressfaktoren vermeiden. Wohlgemeinte Ratschläge wie „frei sprechen und ins Publikum schauen", wirken auf die einen realisierbar, auf andere eher belastend.

Es macht Sinn, das Feedbackritual mit sich selbst erklärenden Zeichen an die Tafel zu malen (z. B. ein Fragezeichen für Fragen; ein Pluszeichen für Gelungenes und ein Sternchen für Anregungen und Verbesserungsideen). Die vortragende Gruppe kann sich dann selbst ihr Feedback abholen „Habt ihr etwas nicht verstanden? Habt ihr Nachfragen?" Sie rufen die Mitschüler selbst auf, beantworten und gehen dann zum zweiten Punkt über. Dasselbe Prozedere erfolgt auch beim dritten Punkt. Es ist gerade am Anfang wichtig, auf die Einhaltung dieser Reihenfolge zu achten. Die Lehrerin ist für das Arrangement zuständig, insbesondere bei der Einführung und Festigung. Deshalb ist es wichtig, dass auch sie sich meldet, wenn sie etwas ergänzen oder kommentieren möchte, was bislang noch nicht gesagt wurde.

▨ **Gefahrenpotenzial und Handlungsmöglichkeiten**: Manche Schüler können gut präsentieren, andere trauen sich das nicht zu. Es gibt Naturtalente und versierte Präsentatoren, die jede Vorstellung zu einem Ereignis machen. Andere müssen das erst lernen. Bei der Komposition der Gruppen und der Reihenfolge der Auftritte ist pädagogisches Fingerspitzengefühl gefragt: Freiwillige könnten den Anfang machen und dann vielleicht als Berater künftiger Gruppen zur Verfügung stehen. Die Aufgabenteilung innerhalb des Teams sieht verschiedene Möglichkeiten vor: Manche schreiben oder malen die Visualisierungen, andere lesen etwas ab, tragen vor oder zeigen an entsprechender Stelle das Anschauungsmaterial.

Wenn einigen Gruppen trotz alledem ein Auftritt schwer fällt, ist daran zu denken, bei der Zusammensetzung der Gruppen mitzuwirken, feste Gruppen gegen geloste oder nach bestimmten Gesichtspunkten neu zusammengesetzte Gruppen zu vertauschen. Hier gibt es vielfältige Möglichkeiten, gemeinsam mit den Schülern Gruppenarbeit und Präsentation zu verbessern, etwa durch den Einsatz der unterschiedlichsten Methoden und Trainingsprogramme.

Fast alle Kinder wollen in der Regel ihre Ergebnisse präsentieren, können aber schon bald nicht mehr zuhören. Es müssen wirklich vorzeigbare, interessante Ergebnisse produziert werden. Wenn alle das Gleiche gemacht haben, ist es sinnvoller, mit Selbstkontrolle, Prüfstationen oder gegenseitiger Korrektur zu arbeiten. In solchen Fällen ist eine Präsentation sinnlos. Die Anzahl der Präsentationen ist von vornherein begründet zu begrenzen: „Da wir nur noch 10 bis 15 Minuten Zeit haben, werden heute höchstens drei Gruppen vorstellen können. Die anderen Gruppen werden zu Beginn der nächsten Stunde ihren Auftritt haben."

Manche Schülerinnen und Schüler reden sehr leise oder fürchten sich vor einem Auftritt. Hier hilft am besten eine Vorbereitungszeit, in der die Gruppen eine Probe machen, ihre Rollen verteilen und den Auftritt üben. Da es allen Schülern so geht, ist es wichtig, ihnen schon aus Selbstschutz zu garantieren, dass kein Schüler ausgelacht werden darf – ge-

Präsentation

wissermaßen als Ausgangsbasis für Präsentationen in der Klasse. In der Vorbereitungszeit für alle kann auch einmal als Devise gelten, so laut und deutlich zu sprechen, dass man es am anderen Ende der Klasse hören kann.

Es werden viele Fragen aufgeworfen, nicht alle können von den Präsentierenden selbst beantwortet werden. Das kann unterschiedlichste Gründe haben: Die Präsentation enthält Ungereimtheiten, Nichtverstandenes wird

„ohne Sinn und Verstand" abgeschrieben und vorgetragen, auch ungenaue Formulierungen oder echte Fragwürdigkeiten sowie schlicht ein vertiefendes Interesse des Publikums können in Nachfragen münden, die von den präsentierenden Schülern nicht zu beantworten sind. In Absprache mit den Kindern sollte die Lehrerin die Fragen zunächst mitschreiben und dem Team zur Nachbearbeitung zur Verfügung stellen bzw. aus manchen vielleicht eine Unterrichtsstunde konzipieren. Manches wird dann neuerlich bei der Runde zum Verbesserungswürdigen wieder aufzugreifen und konkret zurückzumelden sein.

Alles war „toll" – aber pauschales Lob nützt wenig. Für den Augenblick hört es sich scheinbar gut an. Aber es präzisiert nicht, was genau gelungen war. Erst konkrete Angaben machen deutlich, welche Verhaltensweisen und Darstellungsformen beim Publikum mit seinen unterschiedlichen Menschen positiv aufgenommen werden. Diese sind zu verstärken. Denn sie bilden das Fundament für jede Weiterentwicklung und öffnen die Ohren für Verbesserungsvorschläge. Generalisierendes Lob von Lehrerseite ist zu vermeiden, denn es wirkt eher kontraproduktiv, weil es Abhängigkeiten da verstärkt, wo Selbstbewusstsein und Selbsteinschätzung aufgebaut werden müssen. Wenn den Schülern, wie es anfangs häufig der Fall ist, nichts Positives einfällt, sollten wir die von uns bemerkten gelungenen Teile benennen und ihre vorteilhaften Wirkungen belegen. Damit schärfen wir das Urteil aller. Aber auch wir müssen uns melden, warten, bis wir dran kommen. Erst wenn den Schülern nichts mehr einfällt, schlägt unsere Stunde. Anfangs fehlen vielen Schülern Gütekriterien und ein Maßstab zur Beurteilung. Diese können auch durch paradoxe Vorstellungen geschärft werden, etwa durch eine völlig missratene Vorstellung, die wir „aufführen", die sie Wesentliches mit Witz bemerken und herausfinden lässt. Neben unserem spaßig angelegten und einem gelungenen Beispiel geben eine präzise Fragestellung sowie konkrete Anmerkungen Orientierung – wie „Ich konnte dich/Euch gut verstehen." „ Die Bilder waren schön." „ Besonders interessant war, dass ..." „Ich wusste noch gar nicht, dass ..." Die Schüler schulen in jedem Fall ihre Wahrnehmung, wie auch ihre künftige Präsentation sowie jene der anderen davon profitiert wird. Hier wird das Voneinanderlernen trainiert.

„Doof war ..." Kindern wie Erwachsenen fällt es wesentlich leichter, Kritikwürdiges zu benennen. Und obwohl jeder Mensch Schutz vor verletzender Kritik braucht und auch Fehlermeldungen nur dann positiv wenden kann, wenn Erbauliches öffentlich registriert wurde, obwohl es allen Kindern und Erwachsenen ähnlich geht, bieten solche herausgestellten Situationen immer besonders empfindliche Angriffsmöglichkeiten. Spontanen negativen Reaktionen wird durch das Ritual selbst der Boden entzogen, weil zunächst nur die Sachebene und die positive Verstärkung gefragt sind und auch die Kritik möglichst eine konstruktive Wende nimmt, Begründung, Alternative oder Tipp gefragt sind. In dieser Phase wird das interessante Phänomen subjektiver Wahrnehmung und Vorlieben für alle deutlich, dass nämlich unterschiedliche Menschen etwas jeweils völlig Anderes als gelungen, kritik- oder verbesserungswürdig ansehen. Was für die einen eine Stärke darstellt, ist für die anderen eine Schwachstelle. Sicherlich gibt es neben diesen subjektiven Eindrücken und Vorlieben auch objektive Missstände und Fehler, die richtig gestellt gehören, was – wenn es nicht durch die Gruppe erfolgt – Aufgabe des Lehrers bleibt.

▓ **Variationen**: Die Präsentatoren wählen selbst aus, wozu sie Rückmeldungen haben wollen. Gerade zu Beginn sollten die Gruppen mitentscheiden, welcher Art das Feedback der anderen sein soll. So tasten sie sich an das Repertoire heran und wählen die Aspekte aus, die ihnen gut tun, die sie sich zumuten wollen.

In Abwandlung des obigen Dreischritts kann es in einer Deutschstunde, in der eine Gedichtwerkstatt oder kreatives Schreiben angesagt war, mehr Sinn machen, sich ein präzisiertes, sachbezogenes Feedback zu holen, etwa Rückmeldung über: 1. den Vortrag; 2. die Form der Präsentation; 3. den Inhalt. Gerade in einem so delikaten Bereich, wo es um konkrete positive Verstärkung geht, sollte es den Gruppen überlassen sein, zu welchen der drei Aspekte sie die Resonanz der Klasse erhalten möchte.

Über das Verschwinden provozierender Schimpfwörter

▓ **Einsatz**: Klassenunterricht; ab Klasse 3; Dauer: mindestens eine Doppelstunde zur Sammlung und Klärung der Schimpfwörter, sofern es in der Halbgruppe möglich ist; die „Auftritte" nach neuen Verstößen sind nur kurz, zu Stundenbeginn, maximal 5 Minuten

▓ **Ablauf/Beschreibung**: Zu Beginn beschreibt die Lehrerin, wie sehr die Klassenatmosphäre unter verbalen, sexistischen Aggressionen leidet. Keiner findet das gut, aber ein Ausweg scheint nicht in Sicht. Wenn sich alle an die in der Folge getroffenen Abmachungen halten und den ritualisierten Ablauf akzeptieren, wird die Klasse davon befreit. Jedes Kind schreibt sein stärkstes Schimpfwort auf einen weißen Papierstreifen (Drittel einer DIN-A4-Seite im Längsformat) deutlich lesbar auf (z. B. Wichser/Hurensohn ...). Diese Schimpfwörter werden gesammelt und der Reihe nach folgendermaßen vorgestellt: Zunächst ist die detaillierte Begriffsklärung vorrangig. Bei Bedarf, Unwissenheit, Ungenauigkeit oder Unklarheit helfen die anderen mit, zu guter Letzt die Lehrerin oder der Lehrer. In einem zweiten Schritt sagt jeder, bei welchen Gelegenheiten er dieses Wort benutzt, was er damit erreichen möchte und welche Wirkung das Wort hat. In einem dritten Schritt geht es um alternative Wörter, die vielleicht den selben Zweck (Ärger/Verzweiflung/Wut los zu werden) erfüllen, aber nicht so sehr verletzen, weil es Geheimwörter sind. Die Eröffnungsphase wird damit beschlossen, dass alle Wörter in einen Müllsack kommen und dieser gut verschlossen von der ganzen Klasse zum Schulmüll verfrachtet wird. Damit sind diese beleidigenden Wörter offiziell aus der Klasse verbannt. Wenn es im Eifer des Gefechts, aus Versehen künftig zu verbalen Ausschreitungen kommt, greift der folgende ritualisierte Ablauf: Dieser Schüler hat zu Stundenbeginn seinen Auftritt. Er erläutert die Bedeutung seines Begriffes (Sachebene), schildert die Umstände, in denen er ihn verwendet (Beziehungsebene) und die Wirkung, die er damit provoziert hat, nennt seinen Alternativbegriff und kann sich vielleicht zum Abschluss auch bei dem so attackierten Kind entschuldigen. Wenn seine Definition unklar ist, Wesentliches fehlt, darf er dies von anderen ergänzen lassen.

▧ **Ziel/Funktion/erwartete Wirkung**: Dieses Ritual sensibilisiert die Kinder dafür, dass Worte verletzen, auf welche Weise und bei welchen Gelegenheiten sie dies tun und welche Alternativen es dazu gibt. Es befreit sie aus einem Teufelskreis, dass sie mit Worten körperliche Aggressionen auslösen, weil hier der Blick von oben gestattet wird. Indem man die Wörter aus dem gewaltträchtigen Kontext löst, sie in Bedeutung und Wirkung analysiert, vorstellt und ernst nimmt, beraubt man sie augenscheinlich ihrer gewalttätigen Potenz. Das Aufschreiben, Besprechen und Fortwerfen – all diese Aktivitäten verstärken offenbar ihre Wirkung durch unmittelbare Handlung. Der Ansatz, alle in die Bearbeitung des Phänomens von verbaler Gewalt einzubeziehen, jedem nach seiner schärfsten Wortwaffe zu fragen, stigmatisiert nicht Einzelne, sondern macht deutlich, dass jeder über solch ein Waffenpotenzial verfügt. Darüber hinaus werden Unterschiede bei Auswahl und Wirkung deutlich, sie können zum Gesprächsgegenstand werden. Die Verabredung, dass jeder neue Einsatz von verbaler Aggression unverzüglich einen Auftritt in der Klasse zur Folge hat, ist von ungeheurer Wirkung. Es ist augenscheinlich peinlich. Selbst wenn einem die anderen noch bei der Definition helfen. Die provokanten Wörter selbst wieder in den Mund zu nehmen und auf einer Sachebene vorzustellen, zerstört ihre Wirkung, scheint den Vortragenden vor den Augen der anderen schwach werden lassen. Alle Kinder der Klasse werden nicht länger von der Gewalt der Wörter unterdrückt oder fremdbestimmt und fehlgeleitet. Sie erlangen Macht über sie, Handlungssouveränität und mithin Autonomie.

▓ **Ideen zur Initiierung:** Dieses Ritual erfüllt vor allem einen Sinn, wenn es innerhalb einer Lerngruppe zu einer Eskalation von verbaler Aggression dieses Typs kommt. Wenn derartige Konflikte vermehrt Thema in Klassenratsstunden oder Halbjahresbilanzen werden oder wir feststellen, dass hier Appelle an Vernunft und Verabredungen nicht nützen, sondern die Auseinandersetzungen zunehmen, dann hat die Stunde dieses Rituals geschlagen:

Es ist einfacher und intensiver, die erste Runde zur Begriffs- und Rahmenklärung nur mit einer halben Klasse zu unternehmen, weil alle zuhören und jeder drankommen soll. Es ist eine lange, ernste und sehr delikate Gratwanderung, weil hier Obszönitäten von Grund auf geklärt werden. Insofern ist Sexualität Dauerthema. Aber wenn anfänglich Bedenken von Seiten der Kinder oder der Erwachsenen bestehen, so schwinden diese doch schon nach kurzer Zeit, weil offensichtlich wird, wie gering die Kenntnisse der Kinder über das von ihnen verwandte Wort und seine Bedeutung sind. Sie haben es offenbar benutzt, weil es sofortige heftige Reaktionen auslöste, andere beleidigte und zu Emotionen hinriss. Was sich aber dahinter verbirgt, das wissen sie häufig nicht. Das ist natürlich auch für die Zuhörenden interessant und verstärkt ihre Konzentration und Zuhörbereitschaft. Außerdem treten Scham und Peinlichkeit immer weiter in den Hintergrund, wenn erst einmal der Bann gebrochen ist, dann kann es bei den krudesten Erklärungen und Definitionen sogar recht heiter zugehen. Insofern trägt die hier praktizierte Paradoxie, über den mitschwingenden Affront hinwegzuhören und sich nur um die Sach- und Kontextebene zu kümmern, offensichtlich dazu bei, die Lage zu entspannen. Die Beteiligung aller macht aus der Gruppe eine von Geheimnisträgern, die sich gemeinsam um die Klärung schlimmer Wörter kümmern, gemeinsam ein eher verbotenes Terrain betreten. Der Aspekt der gegenseitigen Hilfe bei der Begriffsklärung in der kleinen Runde oder in der Klasse ist bedeutsam deshalb, weil er den „Täter" nicht allein lässt, sondern ihm signalisiert: „Auch wenn ich dein Schimpfwort grässlich finde, helfe ich dir bei der Definition, wenn du nicht mehr weiter weißt." Dadurch wird ihm der Weg zurück geöffnet und er spürt in einer sehr unangenehmen Situation die Unterstützung von anderen. Die Effekte für den Zusammenhalt der Gruppe sind groß, zumal hier etwas geschieht, das einer Verschwörung gleicht und nicht unbedingt an andere weitergegeben werden kann, weder an Schüler noch an Erwachsene. Der Zauber dieses Rituals, das nach der Etablierung kaum noch praktiziert wird, entfaltet sich sofort. Es scheint, als hätten alle darauf gewartet. Wer möchte schon vor der Klasse stehen und Peinlichkeiten vortragen, wer wollte sie sich anhören.

▨ **Gefahrenpotenzial und Handlungsmöglichkeiten**: Es gibt Kinder, die in der Begriffsklärungsrunde völlig veralbern. Wenn es so störend wird, dass dadurch die anderen nicht mehr zum Zuge kommen oder die Runde aufgehalten wird, dann sollten sie sich aus der Runde entfernen, an einen anderen Ort setzen, von dort aus zuhören oder beim zweiten Durchgang es erneut versuchen. Sie könnten vielleicht auch aufschreiben, was ihr Schimpfwort bedeutet, z. B. mit Hilfe des Lexikons.

▨ **Variationen**: Die Kinder malen ein Mauerplakat, dessen Ziegelsteine sie mit Schimpfwörtern füllen. Alle DIN-A3-Plakate zusammengenommen ergeben eine Ausstellung der Klasse, die einen Distanzierungs- und Verfremdungseffekt erzeugt und zudem noch dekorativ ist.

Rituale für den Fachunterricht

In der Grundschule spielt Fachunterricht eher eine sekundäre Rolle. Meistens unterrichten nur wenige Lehrkräfte in einer Klasse. Durch eine verstärkte Rhythmisierung und längere Arbeitsphasen im Wechsel mit Bewegung und Pause ist der Grundschultag weniger zerstückelt und dem Lernen der Kinder vergleichsweise förderlich. Je nach Stundendeputat und Präferenz werden neben Sachunterricht oder Mathematik vor allem Fächer wie Sport, Musik oder Kunst und Werken von Fachlehrerinnen unterrichtet. Besonders günstig für Klima und Kooperation ist ferner, dass Grundschullehrerinnen oft alle Kinder der Schule mit Namen kennen, die interkollegiale Kooperation hier demnach leichter fällt als an größeren Schulzentren, der Informationsfluss rege und der Austausch über Lernatmosphäre, Regelwerk und Rituale unter den Klassen vergleichsweise unkompliziert ist. Dennoch haben es die Fachkollegen im Vergleich zur Klassenlehrerin oftmals schwer, in den Klassen Fuß zu fassen und mit ihren fachspezifischen Lernaufgaben Zeichen zu setzen und eigene Ritualisierungen zum Wiedererkennen, zur Einstimmung sowie zum Wohlfühlen zu etablieren. Neben einem Rückgriff auf ritualisierte Formen wie *Stundenanfang* (S. 26–29) und *Schlussakkord* (S. 29–33) kann das *Erfolgsbuch der Klasse* (S. 40) gute Dienste leisten. Selbstverständlich ist man als Fachlehrerin zu *Schuljahresbeginn* und zum *Halbjahr* gefragt (S. 64 und 66), kann die Schüler an der

Themenfindung beteiligen, auch wenn nur eine Wahl zwischen einem begrenzten Angebot möglich ist (S. 66–70). Ob man sich auch ein schriftliches Feedback der Kinder in Form eines *Zeugnisses* für sich und seinen Unterricht wünscht (S. 70–72), ist zu überlegen. Mit Sicherheit profitiert man als Fachkollegin von ritualisierten Handlungsabläufen, wie hier für das gemeinsame Lernen vorgeschlagen, und sollte darauf zurückgreifen (S. 89–106). Für den Fachunterricht und die seltenere Präsenz in der Lerngruppe ist es wichtig, auch ein eigenes Erkennungszeichen zu setzen, das die Kinder auf das Fach und die andere Lehrerpersönlichkeit einstimmt. Dies betrifft zuallererst die Anfangssituation: Was das *5-Minuten-Heft* für den Deutschunterricht darstellt (S. 107–110), kann auch *für den Mathematik-, den Religions- oder den Sachunterricht* in Variation sinnvoll werden. Warum keine **feste Tagebuchzeit** zu Stundenbeginn verorten, wo jeder für einen kurzen Moment innehält und seine aktuellen fachspezifischen Gedanken auf die eine oder andere Weise für sich festhält? Ritualisierte spielerische Stundenstarts mit fachspezifischem Bezug (wie Tafelfußball/Dingsda/Quiz) können von den Kindern bald in Eigenregie gestaltet werden. Auch eine Erkennungsmelodie, ein Lied zum Thema, erfüllt eine ähnliche Funktion – rahmt, stimmt ein und erzeugt positive Effekte, mit denenes sich besser lernt und mehr Kreativität und Zufriedenheit entwickelt.

5-Minuten-Schreiben

▦ **Einsatz**: Deutsch, Mathematik, Klassenunterricht; Klassen 2 bis 4; Dauer: 5 Minuten zu Stunden- oder Tagesbeginn bzw. nach der großen Pause.

▦ **Ablauf/Beschreibung**: Zu Beginn der Deutschstunde holen die Kinder wie die Lehrerin ihr 5-Minuten-Schreibheft heraus, beginnen still für sich nachzudenken und zu schreiben, bis die leise mitlaufende Musik ausgeblendet wird oder die Uhr läutet.

▦ **Ziel/Funktion/erwartete Wirkung**: Schreiben wird hier in seinen kreativen Möglichkeiten erfahrbar. Ob richtig oder falsch, ob nur Buchstaben, Wörter ohne Sinn, Sätze, ganze Texte in Deutsch, einer anderen oder erfundenen Sprache, gleich ob Mixtur aus allem oder erdichtet, alles ist hier erlaubt. Ob die Buchstaben mit Bildzeichen und Zahlen ergänzt und bereichert werden, entscheidet jeder Autor, jede Autorin für sich. Schreiben wird ferner als Möglichkeit erfahren, etwas Wichtiges – einen Traum, eine Geschichte, einen Streit, eine Erinnerung – in Wort und Bild festzuhalten, oder als Comic oder vielleicht Geschichte. Schreiben wird zunehmend als eine

Chance erlebt, sich seinen Ärger von der Seele zu schreiben, etwa den aus der Pause oder von Zuhause mitgebrachten oder in anderen Stunden und mit Mitschülern erlebten. Schreiben wird schließlich erfahren als eine Botschaft, die wieder entschlüsselbar ist, die fortgesetzt werden kann. Je mehr die Kinder das 5-Minuten-Schreiben ausschöpfen, je stärker davon ihr Schreibfluss, ihre Schreibkompetenz stimuliert wird, ist von den unterschiedlichen Fähigkeiten, vor allem aber von der Ritualisierung und Häufigkeit dieses Rituals abhängig. Je früher damit begonnen, je länger es durchgehalten wird, umso interessanter sind die Impulse für den Einzelnen, desto mehr Funktionen kann dieses Heft für jedes Kind übernehmen. Das 5-Minuten-Heft wird sich zu einer Art Tagebuch entwickeln, das ein Schuljahr aus subjektiver Perspektive begleitet. Nicht nur Schreiben ist reizvoll, auch die Lektüre wird interessanter.

Ideen zur Initiierung: Zu Schuljahresbeginn stelle ich Idee, Möglichkeiten und Rahmen des 5-Minuten-Schreibens vor: Die Zeit, die kurz und gut aushaltbar intensiv zu nutzen ist und von einer Uhr gemessen wird; das Heft mit den unlinierten Seiten, dessen Umschlag wir alle uns schön gestalten und mit unserer eigenen Namenswolke in Besitz nehmen; die Titelzeile des ersten Eintrags mit Datum und Seitenzahl, um Zeit bewusst und rekonstruierbar zu machen; die Stille, die herrschen muss, damit sich jeder seinen eigenen Gedanken und Worten hingeben und sein geheimes Heft mit Worten, Bildern, Zeichen gestalten kann; die Regelmäßigkeit zu Beginn jeder besonderen Deutsch-Stunde, am besten immer zu einem bestimmten Zeitpunkt; ein fester Platz für das Heft der Geheimnisse, bis es gefüllt ist.

Was alles möglich wäre, darüber füllen wir gemeinsam ein Plakat, das in der Klasse als permanente Anregung und Prävention gegen Störungen aushängt und vielleicht folgende Vorschläge anbietet: Du kannst die Seiten durchnummerieren, ein Bild malen, erst einmal nachdenken; dir gehören diese fünf Minuten, du darfst sie füllen; manche Gedanken brauchen etwas länger, sind aber auch wichtig. Etwas Witziges, etwas Trauriges, etwas Schönes oder Böses – du entscheidest selbst, was du schreiben möchtest.

Gefahrenpotenzial und Handlungsmöglichkeiten: Manche Kinder fürchten, dass die privaten (5-Minuten-)Hefte von anderen gelesen oder zerstört werden. Die 5-Minuten-Hefte bergen Geheimnisse und sind insofern für die Autoren von besonderem Wert. Als solche könnten sie Zielscheibe von Wutausbrüchen und Aggressionen werden. Diese Gefahren werden dadurch reduziert, dass alle das Besondere dieser 5-Minuten-Hefte kennen – und schätzen lernen. Einzelne Fälle von Vandalismus sollten mit Tätern wie Opfern besprochen und mit der Klasse geregelt werden. Es muss garantiert sein, dass der Inhalt ihrer Hefte nur den jeweiligen Verfassern gehört. Daran halten sich aller Neugier zum Trotz auch die Lehrerinnen. Da mein 5-Minuten-Heft nur mir gehört, bestimme ich allein darüber, wer darin liest, ob ich es anderen zum Lesen gebe oder selbst etwas vorlese. Es ist wichtig, dass die Lehrerin sich an diesem Ritual beteiligt, weil sie dann die Wirkungen persönlich spürt, gefeit ist, in die anderen Hefte hineingucken zu wollen, und zugleich als Gleiche unter Gleichen von den Kindern akzeptiert wird.

Was tun, wenn einige Schüler nicht beginnen und sich unterhalten? Ruhe bewahren und Vertrauen ausstrahlen, dass sie diese Zeit für sich sinnvoll nutzen werden, nachdenken und vielleicht beim nächsten Mal die wohltuenden Wirkungen des Schreibens entdecken. Wenn die Mehrzahl anfängt, im Ritual aufzugehen und man durch eigenes Schreiben signalisiert, dass man nicht gestört werden möchte, steigen die Erfolgschancen.

Einige Kinder fühlen sich durch diese fünf Minuten eher belastet und allein gelassen. Schreibanregungen hängen aus, manchmal sind Sprachschwierigkeiten oder persönliche Probleme der Hintergrund. Die geheimen Hefte können in Geheimsprache, einer Fremdsprache oder mit Bildzeichen, Zeichnungen gefüllt werden – die Zauderer nutzen erfahrungsgemäß, durch die Schreiblust der anderen angesteckt, bald selbst die Möglichkeit.

Weil jede Lerngruppe anders ist und einige eher die monotonen Anteile des Rituals spüren, sollte ein Zwischengespräch über dieses Ritual mit der Klasse stattfinden: Wollen wir das 5-Minuten-Schreiben so beibehalten? Was gefällt uns daran besonders gut? Was möchte ich verändern und aus welchem Grunde?

Variationen: Man kann den Schülern auf Wunsch Schreibideen geben, die als Anregungen an der Tafel hängen, z. B.: „Das war für mich das Schönste/Witzigste/Traurigste in der vergangenen Schulwoche ..." oder „Zu meiner Klasse/meinen Lehrern/der Schule/der Pause fällt mir ... ein."

Je mehr sich die 5-Minuten-Hefte füllen, umso interessanter wird ihre Lektüre. Dafür reicht die Zeit aber in den fünf Minuten nicht. Deshalb sollte einmal im Monat oder auf Verlangen öfter eine Schmökerstunde eingelegt werden, in der man sein eigenes Heft studiert oder auch Freunden bestimmte Passagen vorliest, zeigt und Seiten verschönert. Auch können sich Vertraute ihre Hefte austauschen und darüber ins Gespräch kommen.

Es kann auch gezielte Leseaufträge geben, etwa: „Findest du in deinem 5-Minuten-Heft etwas zum Thema Streit (Vertrauen/Hilfe/Freundschaft)? Du entscheidest, ob du es uns vorlesen möchtest. Du kannst es auch erzählen oder für die Klasse aufschreiben." So werden die eigenen Erfahrungen und Gefühle selbst zur Fundgrube für Gespräch und schriftliche Präsentation, dienen der Weiterarbeit.

Man kann am Ende der Schulwoche vielleicht einmal eine Lesung machen, zu der sich verschiedene Autoren angemeldet haben, die etwas aus ihrem 5-Minuten-Heft zum Besten geben, präsentieren wollen. Oder andere Schüler haben ein Problem so beschrieben und für sich pointiert, dass sie es nun der Klasse zur Diskussion stellen wollen.

Es kann auch für andere Fächer eine solche gelassene individuelle Einstimmung auf das Fach geben – etwa das 5-Minuten-Rechnen, wo man sich fünf Minuten lang entweder mit eigener Wiederholung oder Sachrechenaufgaben aus dem Alltag beschäftigt, Zahlen schreibt, Fragen aufschreibt, Rechenaufgaben für andere formuliert oder sich selbst Aufgaben stellt.

Sachunterricht – von der Frage bis zur Antwort

▓ **Einsatz**: Klassen 1 bis 4; Dauer: variabel; eine bis mehrere Wochen, je nach Umfang der Einheit

▓ **Ablauf/Beschreibung**: Nachdem die Entscheidung für ein Thema gefallen ist (S. 66–70) greift jetzt folgender ritualisierter Ablauf: Das Vorwissen der Kinder wird an der Tafel in Form einer *Ideensonne* (S. 87) gesammelt und auf ei*nem Was-wir-schon-wissen-Plakat* in der Klasse ausgehängt und kontinuierlich ergänzt. Die Formulierung von Fragen zum Thema und ihre namentliche Dokumentation und Ordnung bilden den zweiten Schritt, der als Buchseite sowie als Das-wollen-wir-wissen-Plakat präsent bleibt. Vorwissen wie Fragen dienen dann zur Konzipierung einer Unterrichtseinheit, die die Kinder zur Beantwortung der lösbaren Fragen qualifiziert und dabei wesentliche Sachaspekte berücksichtigt. Je größer die Erfahrung der Kinder mit diesem ritualisierten Vorgehen, desto stärker partizipieren sie bei methodischen Entscheidungen, wie sie sich auch in die Materialbeschaffung verstärkt einbringen. In einem dritten Schritt gestaltet jedes Kind aus einem gefalteten DIN-A3-Blatt einen Buchdeckel mit Namen und einem ersten selbst gemalten Bild, das auf der Tafel oder einer Folie vor seinen Augen mit wichtigen Fachausdrücken entsteht. Unterschiedlich viele und unterschiedlich sorgfältig bearbeitete Seiten finden hier ihre Heimat. Zu guter Letzt sind alle Seiten zu nummerieren und ein Inhaltsverzeichnis zu erstellen. Der Abschluss eines Themas ist dreigeteilt: Was den inhaltlichen Ertrag angeht, so ergibt sich dieser aus der Beantwortung der Ausgangsfragen. Wie das geschieht, als Quiz, als Test von Einzelnen, Teams oder Gruppen oder in Form einer *Lernkartei* für eine andere Klasse ist variabel. Eine Bilanzierung der gesamten Einheit – der zweite wichtige Aspekt – erfolgt auf der Basis eines Feedbacks zu Inhalten, Methoden und Kooperation, das nicht nur der Lehrer oder die Lehrerin abgibt, sondern in das die gesamte Klasse mit einbezogen wird. Der letzte Punkt betrifft – eng damit verzahnt – eine kritische Begutachtung der Ergebnisse. Dies kann neben einer Selbstbewertung jeder Seite und einem Kommentar der Lehrerin zusätzlich durch eine Ausstellung der Produkte oder Bücher geschehen.

▨ **Ziel/Funktion/erwartete Wirkung**: Dieses Ritual greift gezielt auf das Vorwissen der Kinder zurück, um die Lernangebote den Kenntnissen und Interessen der Kinder anzupassen und sie weder mit bereits Bekanntem zu langweilen, noch sie zu überfordern, weil man als Lehrerin fälschlicherweise von ganz anderen Vorkenntnissen ausging. Damit holt man die Kinder dort ab, wo sie sich auch thematisch befinden. Als Lehrerin unterstreicht man, wie wichtig Wissen und Kenntnisse sind, dass es gefragt ist und darauf Bezug genommen wird.

Wenn das Vorwissen der Kinder sich auf einem Plakat niederschlägt oder anders dokumentiert wird, kann man im weiteren Verlauf Richtiges von Falschem unterscheiden, für Klärung sorgen und Vermutungen erhärten oder entkräften. Wichtige Fachtermini werden bereits in diesem Kontext genannt und bleiben in der Klasse präsent. Darüber hinaus schälen sich von Beginn an Spezialisten heraus, die von uns wie den Mitschülern für Spezialaufträge, Expertenaufgaben oder Unterstützung anzusprechen sind. Dies ist der erste Schritt, um das Interesse am Thema zu erhöhen und mit sachlichen Aspekten zu fundieren. Nach dem Vorwissen geht es darum, die Interessen und Fragen der Kinder zu ermitteln und sie kontinuierlich zu Fragen herauszufordern. Ziel ist es, dass jedes Kind mindestens eine Frage stellt, die mit Namen versehen dokumentiert wird. Diese Fragen der Kinder dienen der weiteren Orientierung der Lernangebote. Sie sind Dreh- und Angelpunkt thematischer Arbeit, bereiten forschendes Lernen vor und forcieren eine vielfach verschüttete, aber doch so notwendig zu reaktivierende Fragehaltung der Kinder. Die offensichtliche Bedeutung, die den Fragen in diesem Kontext von der Lehrerin beigemessen wird und die sich auch in der ritualisierten Weise niederschlägt, befähigt die Kinder zunehmend, immer mehr und interessantere Fragen zu formulieren. Die namentliche Zuordnung der Fragen dient dabei nicht nur zu Würdigung und Ansporn, sondern kann auch künftige Experten, Verantwortliche oder Gruppen finden helfen. Sie können zu Experten für eine Aufgabe werden, die speziell für die Beantwortung ihrer Frage konzipiert wurde, oder sie präsentieren am Schluss all das, was sie zu ihrer Frage herausgefunden haben, etc. Die Einheit wird damit beschlossen, dass die Fragen beantwortet werden oder festgehalten wird, dass man darauf keine Antwort hat finden können.

Die Methoden sind von den Voraussetzungen der Lerngruppe ebenso abhängig wie von thematischen Zwängen oder räumlichen Vorgaben. Werkstattverfahren, Lernen an Stationen, eine Integration in Wochenplanarbeit ist ebenso denkbar wie Thementage oder Exkursionen. In zunehmendem Maße werden sich die Kinder in die Methodenwahl und Gestaltung des Lernangebots einbringen und das für sie Richtige vorschlagen. Denn die Ritualisierung der Schrittabfolge sowie eine kontinuierliche Transparenz stärkt über kurz oder lang die planerischen Fähigkeiten vieler Kinder, besonders gegen Ende der Grundschulzeit. Je mehr das Thema sie erobert und die Klasse verändert, je mehr Einfluss die Kinder durch die Berücksichtigung ihres Vorwissens, ihrer Interessen und Fragen sowie ihrer Methodenpräferenzen gewinnen, desto größer ist die Chance, dass sie sich engagiert und motiviert an die Arbeit machen und sich anstrengen, möglichst schöne Endprodukte in Buchform zu erstellen.

Ideen zur Initiierung des Rituals: Eine *Ideensonne* zu Beginn: Vom Thema ist häufig nur der Titel bekannt (etwa „Katze"). Die Kinder, die es seinerzeit vorschlugen oder gewählt haben, könnten zu Beginn ihre Gründe wiederholen. Dann dürfen sich alle zu zweit leise am Tisch zwei Minuten beraten, was ihnen zum Thema Katze einfällt. Ein Austausch in der Tischgruppe ist möglich. Derweil klebt die Lehrerin ein Bild einer Katze in die Mitte der großen Tafel und schreibt den Begriff dazu. Die Striche signalisieren, wie sehr man auf eine Vielzahl von Assoziationen, Charakteristika, Erfahrungen und Wissen baut: Per Zuruf dürfen sie nach Aufforderung der Lehrerin ihr Wort nennen, die diese Wörter (vorerst) ungeordnet ans Ende der Striche (Strahlen) schreibt, die von der Katze (als Sonne) ausgehen. So entsteht eine Ideensonne, die vor allem die Assoziationen der Kinder festhält. Eine solche Ideensonne einigt Faktenwissen, Vorurteile, Halbwahrheiten oder gar Falsches. Alles wird zunächst festgehalten, weil es die thematische Ausgangslange der Lerngruppe am genauesten trifft und eine gute Orientierung für die zu konzipierenden Lernangebote gibt.

Das *Was-wir-schon-wissen-Plakat*: Bei der Auswertung der Ideensonne, die fotografiert und zur kontinuierlichen Erinnerung ausgehängt wird, ergeben sich Hinweise auf Faktenwissen. Das kann nun beispielhaft auf das neue Plakat übertragen, ggf. etwas ausführlicher formuliert und im weiteren Verlauf kontinuierlich ergänzt werden. Das Anwachsen dieser gemeinsamen Liste unterstreicht den kontinuierlichen Lernzuwachs.

Ein eigenes *Themenbuch* entsteht: Ob man nun den Buchdeckel des Themenbuchs vor oder nach der Ideensonne schmückt, mit dem Bild einer Katze, dem Namen (in der Wolke) und Schlüsselwörtern zum Katzenkörper, der abgebildet ist, ist von Fall zu Fall zu entscheiden. Auf jeden Fall ist die Einrichtung eines Themenbuches, in dem alle Arbeitsergebnisse gesammelt werden und das nach Abschluss der Einheit mitgenommen werden darf, als Ordnungsinstrument und Sammelstelle unerlässlich. Wie viele Seiten stark das Themenbuch ist, ergibt die Zählung, die in einem zum Schluss zu erstellenden Inhaltsverzeichnis dokumentiert wird. Dann erst erhält das Buch seine feste, endgültige Form, kann im Rahmen einer Buchaustellung der Klasse von den anderen begutachtet werden, z. B. indem die schönste Seite, das schönste Buch gefunden wird. Damit verabschiedet sich das Thema aus der Klasse und die Bücher wandern nach Hause.

Die *Fragen der Kinder* als Dreh- und Angelpunkt: Unter einem überdimensionalen Fragezeichen prangen wesentliche Fragewörter, die das Fragenformulieren erleichtern. Ein Beispiel wird mündlich vorgetragen oder an die Tafel geschrieben. Die Kinder können ihre Fragen allein oder mit dem Nachbarn formulieren; bei Bedarf auf Kassette sprechen oder der Lehrerin diktieren. Auch dabei ist ihr Überblick wichtig. Wenn zentrale Fragen nicht gestellt wurden, kann die Lehrerin diese als Titel künftiger Arbeits- und Lernaufgaben in Frageform anbieten oder ergänzen. Nicht zu beantwortende Fragen werden ebenso aufgenommen wie philosophische. Es bleibt ein wichtiges Ergebnis und differenziert künftige Fragestrategien, eine Frage nicht lösen zu können. Mit zunehmender Kompetenz werden die Kinder nicht nur mehr Fragen formulieren, sondern diese auch zu Themenkomplexen bündeln können. Daraus können sich in höheren Klassen Interessengruppen bilden. Mögliche Unteraspekte, Themenkomplexe oder Schwerpunkte können dann auf dem sich gleichermaßen verändernden *Das-wollen-wir-wissen-Plakat* zusammengeführt und ausgehängt werden.

Das Thema ergreift Besitz – eine Klasse verändert sich: Alle wichtigen Ergebnisse werden visualisiert und hängen als Plakate aus. Hinzu kommen künstlerische Produkte, die nachher ins Buch wandern. Auch Fotos, Plakate – alles, was die Kinder in zunehmendem Maße mitbringen werden, werden auf einem Thementisch ausgestellt und gewürdigt. Mit Hilfe der Büchereien wird eine Sachbibliothek in der Klasse eingerichtet. Die Arbeitsmaterialien, Karteien, Arbeitsblätter oder die Stationsaufgaben runden den Gesamteindruck ab.

Den *Schluss* gestalten: Mit der Beantwortung der Fragen kommt die thematische Arbeit zu ihrem Ende. Die Rückmeldung der Kinder zum Schwierigkeitsgrad oder zum besten Arbeitsblatt ist hier gefragt, wie auch ein Meinungsbild zum Interesse für das Thema erstellt und mit jenem vom Beginn abschließend konfrontiert wird. Dabei interessieren vor allem die Gründe für einen Gesinnungswandel. Dann verlassen die Themenplakate vielleicht mit einem kleinen Fest die Klasse und machen Platz für etwas Neues.

■ **Gefahrenpotenzial und Handlungsmöglichkeiten:** Erstklässler, aber auch ältere Schüler tun sich mitunter schwer, Vorwissen und Fragen voneinander zu unterscheiden. Vielfach erzählen sie, welche Erfahrungen sie gesammelt, wo sie etwas gelesen haben. Hier helfen Fragewörter (Warum? Wie? Was passiert?), die an der Tafel fixiert und bei Gelegenheit ausgehängt werden. Ein Hinweis auf gelungene Beispiele oder unsere Nachfrage in Reportermanier sind geeignet, um die Fragefähigkeit der Kinder weiterzuentwickeln.

Wenn die Schreib- und Lesekompetenz der Schulanfänger eine Verschriftlichung ihres Wissens und ihrer Fragen behindert, sollten wir als Sekretäre fungieren oder andere Kinder als Helfer einsetzen. Eine Alternative besteht auch darin, dass die Kinder ihr Vorwissen und ihre Fragen auf Kassette sprechen – wobei sie ihren Namen für Zuordnungszwecke stets nennen sollten.

Unter den Fragen werden sich einige befinden, die nicht zu beantworten sind. Sollen sie aufgenommen werden? Stiften sie nicht eher Verwirrung als Klärung? Wenn wir eine Fragehaltung entwickeln wollen, wird jede Frage akzeptiert. Eine Frage am Ende nicht beantworten zu können, ist als Ergebnis auch wichtig. Wie viele Versuche und Erfindungen beginnen mit scheinbar absurden Hypothesen. Deshalb werden alle Fragen zugelassen, aufgeschrieben und mit den Autorennamen versehen. Ernsthaftigkeit an dieser Stelle reduziert den Anteil eher rhetorischer oder absurder Fragen und befähigt die Kinder zunehmend, wichtige und interessante Fragen zu formulieren.

Schlussbemerkungen

Die Vorschläge für Rituale und ritualisierte Handlungsabläufe sind in Klasse und Schule relativ einfach und ohne viel Aufwand in der Praxis zu nutzen. Verfehlt wäre es allerdings, sie rigide und unbeirrt umzusetzen. Die Spezifika der Lerngruppe, ihre Vorerfahrungen mit selbstständigem Lernen und Gruppenreflexion sind in die konzeptionellen Überlegungen mi einzubeziehen. Das gelingt dann umso besser, je offener man als Lehrerin oder Lehrer ist, je stärker man sich von dogmatischer Rezeption freimacht, die der Sache, um die es hier geht, nur abträglich wäre. Denn selbstständiges Lernen und Kooperation durch Partizipation – diese wichtigen Ziele ohne intensive, kontinuierliche Beobachtung und Berücksichtigung der Veränderungen, der Dynamik der Einzelnen, der Gruppe oder der Sache mit strengen Ritualisierungen durchzusetzen, wäre ein Widerspruch in sich und zum Scheitern verurteilt. Das Experimentieren mit ritualisierten Handlungsabläufen gewinnt dann Format und Kontrolle, Kreativität und Effektivität, wenn eine kontinuierliche Reflexion der eigenen Aktivitäten, der Wirkungen auf die Gruppe sowie den Einzelnen in der Schule und beim Lernen stattfindet.

Gedanken und Anregungen zur Selbstreflexion

Wenn wir uns auf den Weg der hier vorgeschlagenen Ritualisierungen begeben, verändert sich unsere bisherige Rolle in der Klasse. Denn hiermit wird Autorität, die sich aus unserer Funktion ergibt, reduziert und delegiert. Manche Entscheidungen, die wir vormals autonom fällten oder die wir in Erfüllung der Richtlinien und Lehrpläne trafen, werden hier der Lerngruppe zur Disposition gestellt. Sie erhält damit Einfluss auf Inhalte, Methoden, Zeitabläufe. Sie partizipiert an der Herrschaft, gewinnt Terrain zur selbstständigen Arbeit und übernimmt Verantwortung für Arbeitsprozesse in der Klasse. Sie ist aufgerufen, den Unterricht kontinuierlich und konstruktiv-kritisch zu begleiten, wobei sie auch die Güte unserer Angebote und unsere Pädagogik unter die Lupe nimmt.

Damit rücken die hier angebotenen Ritualisierungsideen eine Lehrerin in den Vordergrund, die sich nicht auf Wissensvermittlung und Beurteilung beschränkt, sondern sich als Lernende zeigt, die Impulse der Kinder aufgreift, geeignetes Material und Literatur bereitstellt und weiterhilft, wenn die Selbstständigkeit überfordert ist. Diese Lehrerin wird also zu einer Initiatorin selbstständiger kooperativer Prozesse, beobachtet länger, hält sich gezielt heraus, begreift sich mehr denn je als Moderatorin. Das alles braucht Geduld und die Überzeugung, dass es Erfolg haben wird. In dem Augenblick, wo ich als Lehrerin meine Aufmerksamkeit auf das Gelungene richte, es detailliert wahrzunehmen und festzuhalten trainiere, es aufschreibe und analysiere, gewinne ich an Sicherheit und Souveränität, diese Machteinbuße als positiv und erleichternd zu erleben und mich auch durch Misserfolge nicht prinzipiell erschüttern und verunsichern zu lassen. Vielmehr nehme ich sie als wichtige Indikatoren, die Veränderungen erforderlich machen, über die allein und gemeinsam nachzudenken ist. Mit dieser Haltung werde ich nicht nur Erfolge erleben und aus Misserfolgen lernen, sondern vor allem auch von den Ritualisierungen profitieren.

Die veränderte Rolle im Unterricht entlastet von schwierigen Situationen des Alltags, indem sie sie automatisiert oder in andere Hände legt, indem sie Anlässe zur Disziplinierung durch eindeutige und bekannte Handlungsabfolgen reduziert. Insofern trägt sie zu einer Verringerung der Schattenseiten des Lehrerdaseins bei und qualifiziert auf der anderen Seite die Mitglieder der Gruppe langfristig dazu, Verantwortung für sich und ihr Handeln zu übernehmen und Lern- und Arbeitsprozesse selbst zu regulieren.

Bei der Initiierung der meisten der hier vorgestellten Ritualisierungen kann sich allerdings die Lehrerin oder der Lehrer nicht vor der Verantwortung drücken. Er ist nicht nur derjenige, der seine Gründe offen zu legen hat, um die Klasse auf ein Experiment mit sich einzustimmen. Er ist auch bis zur beginnenden Automatisierung dafür zuständig, die markanten Stellen des jeweiligen Rituals zu schützen. Denn erst damit können die Einzelnen und die Gruppe jene Erfahrungen sammeln, die für eine Wertschätzung oder Ablehnung erforderlich sind. Da muss das Redeverbot rigide durchgesetzt werden und die Abstimmung stark formalisiert sein. Auch der Einsatz der verwandten Symbole ist nicht beliebig, sondern von fundamentaler Bedeutung für die Effekte. Hilfreich ist es sicherlich, ein pädagogisches Tagebuch dabei zu führen, das den Prozess und die Wirkungen des jeweiligen Rituals auf mich selbst, die Gruppe und das gemeinsame Lernen zu reflektieren hilft.

Gedanken und Anregungen zum Gruppenprozess

Eine Gruppe, eine Klasse wird durch ritualisierte Handlungsabläufe verändert. Sie wird nach Umsetzung der Ritualisierung nicht mehr die alte sein. Was da auf die Kinder zukommt, besitzt den Charme der Partizipation und Teilhabe an der Macht. Es birgt aber auch die schwierige Aufgabe, mit Problemen selbst fertig zu werden. Aber nicht nur die Bewältigung und Bearbeitung von Problemen mit Hilfe ritualisierter Handlungsabläufe ist eine Herausforderung und schwierig, sondern auch so scheinbar selbstverständliche Dinge wie die Mitbestimmung über ein Thema. Dies ist keineswegs anspruchslos: Hier sollen Vorschläge entwickelt und begründet, Entscheidungen gefällt werden. Es hat nachhaltige Konsequenzen, geht nicht unter, wie so häufig im Schulalltag. Was man ehedem der Unfähigkeit der Lehrer als Kritik entgegenschmettern konnte, destruktiv und empört, richtet sich jetzt womöglich gegen einen selbst. Die Einbindung in die inhaltlich-methodische Gestaltung ist zunächst einmal für alle ein schwieriger Schritt. Denn hiermit werden ihnen Rollen und Aufgaben übertragen, die die Kinder bislang nur aus der Konsumentenperspektive erlebten.

Hier geht es um Selbstständigkeit, Kooperation und Partizipation beim individuellen, partnerschaftlichen und gemeinsamen Lernen in der Schule. Die Lerngegenstände sind wichtig und austauschbar. In vielen ritualisierten Handlungsabläufen ist die thematische Relevanz transparent gemacht, zur besseren Orientierung für das individuelle und gemeinsame Lernen. Ein Austausch wird arrangiert, um Erfahrungen, Vorgehensweisen und Ergebnisse würdigend und kritisch auszuwerten. Für jedes Individuum gibt es vielleicht andere Wege, um ans Ziel zu kommen. Manche kommen auch nicht an, steigen unterwegs aus oder sind umgestiegen. So sehr ritualisierte Handlungsabläufe der Gruppe und ihrer Schrittfolge auch Struktur geben mögen, so sehr wollen und können sie die Individualität des Lernens nicht aufbrechen oder unterdrücken, einem Lernen im Gleichschritt Vorschub leisten. Allerdings bilden sie ein Arrangement, in dem die Einsamkeit dem Austausch und dem Gemeinsamen weicht. Das Voneinanderlernen verhallt nicht länger als nicht einlösbarer Appell, es gewinnt Konturen und wird für jeden Einzelnen übersetzbar. Der ritualisierte Erfahrungsaustausch, das systematische Registrieren von Erfolgen Einzelner wie der Gruppe haben in jedem Fall erhebliche Wirkung auf das Lernklima insgesamt. Eine konstruktive Atmosphäre ist ohne ritualisierte Handlungsabläufe zur Partizipation kaum denkbar. Diese Aspekte offenbaren die Handlungsspielräume und Gestaltungsfreiheiten und sind das beste Mittel, sich, die Gruppe und jedes einzelne Kind vor den Schattenseiten von Ritualen zu schützen.

Literatur

BARTNITZKI, HORST/CHRISTIANI, REINHOLD: Die Fundgrube für Freie Arbeit. Das Nachschlagewerk für Einsteigerinnen und Fortgeschrittene. Berlin 1998.

DIES.: Die Fundgrube für jeden Tag. Das Nachschlagewerk für junge Lehrer und Lehrerinnen. Berlin 1995.

BAUMGART, WOLFGANG: Ritual und Literatur. Tübingen 1996.

BERGSSON, M./LUCKFIEL, H.: Umgang mit „schwierigen" Kindern. Berlin 1998.

COHN, RUTH: Von der Psychoanalyse zur themenzentrierten Interaktion. Stuttgart (4.Aufl.) 1978.

DIES./TERFURTH, CHRISTINA: Lebendiges Lehren und Lernen. TZI macht Schule. Stuttgart 1993.

COMBE, ARNO: Wie tragfähig ist der Rekurs auf Rituale? In: Pädagogik 1/1994, S. 22–25.

DOUGLAS, MARY: Ritual, Tabu und Körpersymbolik. Sozialanthropologische Studien in Industriegesellschaft und Stammeskultur. Frankfurt/Mai (2.Aufl.) 1998.

GENNEP, ARNOLD VAN: Übergangsriten. Frankfurt/New York 1986 (frz. Ausgabe von 1909).

GRÜN, ANSELM: Geborgenheit finden – Rituale feiern. Wege zu mehr Lebensfreude. Zürich 1997.

HEIMBRODT, IRMGARD/ ORTNER, GABRIELE: Geburtstag feiern in der Klasse. In: Praxis Grundschule 3/1995, S. 38 f.

HENTIG, HARTMUT VON: Die Menschen stärken, die Sachen klären. Stuttgart 1989.

DERS.: Schule neu denken. München 1993.

HOLZ, KARIN: Rituale und Psychotherapie. 1995.

JUNG, C.G. Der Mensch und seine Symbole. Freiburg/Br. 1986.

KASPER, HILDEGARD: Laßt die Kinder lernen – offene Lernsituationen. Braunschweig 1989.

KAUFMANN-HUBER, GERTRUD: Kinder brauchen Rituale. Ein Leitfaden für Eltern und Erziehende. Freiburg/Basel/Wien (7.Aufl.) 1995.

KUNZE, PETRA/SALAMANDER, CATHARINA: Die schönsten Rituale für Kinder. München 2000.

LEWIS, CATHRINE C.: Die „Kultur des Klassenzimmers in japanischen Grundschulen". In: Anleitung zur Neugier. Grundlagen japanischer Erziehung. Hrsg.v. Donata Elschenbroich. Frankfurt/Main 1996, S. 275–298.

MILLER, REINHOLD: Lehrerinnen und Lehrern zugeschaut. Ein Ideenmosaik für Rituale im Schulalltag. In: Pädagogik 1/1994, S. 13–17.

MÜLLER-BARDOFF, HELGA: Rituale im Jahresablauf – pädagogische und religions-pädagogische Überlegungen. In: Grundschule 11/1997, S. 53 f.

PETERMANN, ULRIKE (Hrsg.): Ruherituale und Entspannung mit Kindern und Jugendlichen. Baltmansweiler 1996.

PETERSEN, SUSANNE: Fehler machen – Fehler finden oder: Vom Lob des Fehlers. In: Grundschulmagazin 10/1996, S. 39–42.

DIES.: Wie alles ineinandergreift. Beispiele fächerübergreifenden Unterrichts für die Grundschule. Donauwörth/Dortmund 1996.

REICHGELD, MANFRED: Wege zur Stille. München 1995.

REINHART, GÜNTER: Wie es früher war: Feste und Bräuche im Jahreskreis. Sonderheft Bausteine Grundschule Nr. 9, Aachen 1998.

RIEGEL, ENJA: Rituale oder: die Kultur des Zusammenlebens. In: Pädagogik 1/1994, S. 6–9.

ROTHER, ILSE: Schulanfang. Frankfurt/Main 1969.

SCHÄFER, ALFRED/WIMMER, MICHAEL (Hrsg.): Rituale und Ritualisierungen. Opladen 1998.

SCHULZ, WOLFGANG: Humane Verkehrsformen und demokratische Rituale in Unterricht und Schule. In: Pädagogische Beiträge 7/8/1987, S. 48–51.

SCHWARZ, HERMANN: Leben- und Lernort Grundschule. Frankfurt/Main 1994.

SEYDEL, OTTO: Die Postmütze ... In: Pädagogik 1/1994, S. 18–21.

STAHL, THIES: Triffst du 'nen Frosch unterwegs. Paderborn 1988.

STEFFENSKY, FULBERT: Rituale als Lebensinszenierungen. In: Pädagogik 1/1994, S. 27–29.

STENDER, KATRIN: Die Renaissance der Rituale. In: Psychologie heute 1/1994, S. 30–37.

TURNER, VICTOR: Vom Ritual zum Theater. Der Ernst des menschlichen Spiels. Frankfurt/M. 1989. Darin bes.: Das Liminale und das Liminoide in Spiel, „Fluss" und Ritual. Ein Essay zur vergleichenden Symbologie, S. 28–94.

Ders.: Das Ritual – Struktur und Anti-Struktur. Frankfurt 1989.

UNRUH, THOMAS: WWW.Guter Unterricht.de. Hamburg 1999 ff.

VOPEL, KLAUS W.: Gruppenrituale. Salzhausen 1997.

WAGENER, BIRGIT: „Das ist eben so". Schulische Rituale aus psychoanalytischer Sicht. In: Pädagogische Beiträge, 7/8/1987, S. 23–25.

WINKLER, AMELI: Rituale in der Grundschule. In: Pädagogik, 1/1994, S. 10–12.

WELTZIEN, DIANE VON: Praxisbuch der Rituale. München 1997.

WERMKE, MICHAEL (Hrsg.): Rituale in Schule und Unterricht. Münster 1997.

Ideen zu einzelnen Ritualen:

Der rote Faden: GISELA NIEMEYER, Grundschule Forsmannstraße, Hamburg

Unser Erfolgsbuch: DR. BEATE GRABBE, Studienseminar Hamburg, Abteilung 1

5-Minuten-Schreiben: GESA ZEBE, Schule Altonaer Straße, Hamburg (2. Klasse, Deutsch); SABINE LIS, Grundschule Anna-Susanna-Stieg, Hamburg

Index der Rituale